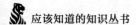
应该知道的知识丛书

法律
知识一本通

本书编写组 ◎ 编

YINGGAI ZHIDAO DE ZHISHI CONGSHU
FALÜ ZHISHI YIBENTONG

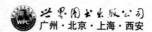
世界图书出版公司
广州·北京·上海·西安

图书在版编目（CIP）数据

法律知识一本通／《法律知识一本通》编写组编
. —广州：广东世界图书出版公司，2010.8（2024.2 重印）
ISBN 978 - 7 - 5100 - 2606 - 5

Ⅰ. ①法… Ⅱ. ①法… Ⅲ. ①法律 - 中国 - 青少年读
物 Ⅳ. ①D920.5

中国版本图书馆 CIP 数据核字（2010）第 160339 号

书　　名	法律知识一本通
	FALV ZHISHI YIBENTONG
编　　者	《法律知识一本通》编写组
责任编辑	康琬娟
装帧设计	三棵树设计工作组
出版发行	世界图书出版有限公司　世界图书出版广东有限公司
地　　址	广州市海珠区新港西路大江冲 25 号
邮　　编	510300
电　　话	020-84452179
网　　址	http://www.gdst.com.cn
邮　　箱	wpc_gdst@163.com
经　　销	新华书店
印　　刷	唐山富达印务有限公司
开　　本	787mm×1092mm　1/16
印　　张	10
字　　数	120 千字
版　　次	2010 年 8 月第 1 版　2024 年 2 月第 10 次印刷
国际书号	ISBN　978-7-5100-2606-5
定　　价	48.00 元

前 言

　　我们生活在法制社会里。法律和每个人的生活都息息相关。学习法律，掌握法律知识是每个公民必备的素质之一。

　　国家需要依靠法律来维护社会的长治久安，也需要通过法律指导、约束人们的行为；公民需要依靠法律来维护自己的合法权益，也需要按照法律的要求承担应尽的社会义务和责任。法律作为人们必须遵循的行为规则，在国家生活和社会生活中，发挥着越来越重要的作用。

　　广大中小学生正处于长身体、长知识的时期，大家除了努力学习语文、数学、物理、化学等基础知识以外，还应认真地学习法律知识。

　　从个人的角度来讲，中小学生的身体和心智发育都不成熟，既容易受到来自社会各方面的侵害，也容易在冲动的驱使下，对社会和他人造成侵害。所以，中小学生学习法律知识，既是依法律己、依法办事的需要，也是依法维护合法权益、依法同违法犯罪作斗争的需要。

　　从社会发展的角度来说，中小学生是未来社会的主人翁，依法治国、建设和谐社会的历史重任即将落在中小学生的肩上。所以，广大中小学生学习法律知识也是建设和谐社会、推动社会进步的需要。

　　有鉴于此，我们组织编写了这本《法律知识一本通》。本书既介绍了什么是法律，法律是怎么来的等法的一般原理，也介绍了宪法、刑法、民法、婚姻法、经济法、诉讼法、国际法和未成年人保护法等法律的基础知识。总之，我们在编写本书的过程中，始终坚持深入浅出的原则，采用通俗易懂的方式，尽可能多的向广大中小学生介绍与生活、学习和工作息息相关的各种法律知识。

　　法律是讲究严谨的。为了体现法律条文的严谨性，我们在编写本书的过程中采用了大量的专业的术语。但这些专业术语并不妨碍广大青少年朋友阅读本书。因为我们对一些较难理解的术语都有详尽的解释，并适当地穿插了一些案例。

　　我们希望，广大中小学生在阅读了本书以后，能够懂法、守法，并学会用法律手段保护自己。

法律知识一本通

FALV ZHISHI YIBENTONG

目　录

法律知识一本通

FALV ZHISHI YIBENTONG

法律是什么

法是社会进步的标志

人们常说"依法办事，依法律己"，但是法是什么呢？简单地说，法就是规范人们行动的规则。无论是在日常生活中，还是在工作和学习当中，人们无法避免地要参加一些政治、经济、变化和社会活动。在这些活动中，人们总要自觉地或不自觉地遵守一定的规则。简单地说，这些规则可以分为两类，即道德规范和法律规范。

一般情况下，道德规范主要依靠人们的自觉自愿地遵守来维持。无论谁违反了道德规范，都会自然而然地受到舆论的谴责。但是法律并不是靠人们自觉自愿遵守来维持的，它由国家强制力保证其实施。任何人违反了法律都要承担法律责任，受到法律的制裁。

由此可见，法律和道德规范是不同的。法律是体现统治阶级意志，由国家机关批准或认可，并以国家强制力保证实施一种规范。

作为强制人们遵守的法律规范，是什么时候产生的呢？在人类历史上，曾经有很长一段时间，既没有国家与法律，人们也不知道国家与法律为何物。这个时期就是没有阶级也没有压迫的原始社会。

在漫长的原始社会里，人们使用的生产工具极其简陋，生产力水平也非常低下。当时，单个的人根本无法生存下去。为了生存，人们不得不共同劳动，共同占有和使用生产资料，并把劳动得来的产品平均分配。

在那个时候，人与人之间的关系是平等的，没有剥削和压迫。所有的

原始人都自觉自愿地遵守在劳动和生活中形成的各种习惯。这种习惯不需要有专门机构来强制执行，而是靠人们的自觉遵守、氏族首领的威信来保证实施。

进入奴隶社会以后，人与人之间开始变得不平等了，奴隶和奴隶主两个对立的阶级产生了，剥削和压迫也产生了。奴隶主为了维护自己的统治，镇压奴隶的反抗，就建立了国家。伴随着阶级对立的产生，法律也就产生了。奴隶主们制定了反映自己利益的行为规则，这就是奴隶制法律。奴隶制法律是通过国家暴力机器来实施的，国家暴力机器就是军队、监狱等。奴隶主阶级迫使奴隶服从他们制定的法律，也要求所有人遵守这些法律。

那么，为什么进入了奴隶制社会，产生了阶级和压迫就会产生法律呢？在漫长的原始社会，人类经历原始群、母系氏族和父系氏族等三个重要的发展时期。这个三个时期共100多万年。在原始社会的前期，由于生产工具极其简陋，生产力水平极其低下，人们为了生存，不得不建立一种平等的关系。人与人之间平等了，也就不会存在阶级和压迫。没有阶级和压迫，自然也就没有法律存在。

但是生产在发展，社会在前进。在母系氏族社会里，妇女在劳动中占主导地位，所以女人统治一切，世系也以母亲来计算，故人们知其母而不知其父。后来由于生产力的发展日益加速，男子的劳动在农业、畜牧业和手工业中逐渐占据主导地位，母权制也就十分自然地过渡到了父权制，对偶婚也随之过渡到了一夫一妻制，世系以男子来计算，因为每个父亲都需要有一个确实属于他自己的儿子作为他的继承人。

父权制确定以后，生产力水平得到了一定的提高，有了剩余生产物，出现了私有财产，特别是氏族首领经常利用自己的权力把公共财产据为己有，这样阶级分化的现象就开始出现并随着生产的发展而日益加深，逐渐形成了富人和穷人。从前生产力很低，人们把战争中俘虏来的其他氏族成员杀掉；现在生产力发展了，人们把俘虏变为奴隶，让他们给主人创造财富。后来，本氏族的成员也有因为贫穷降为奴隶的，遭受奴隶主的压迫与剥削。

这样，到原始社会末期，社会就分裂为两大对立的阶级——奴隶主阶级和奴隶阶级，此外还有少数的自由民。原始公社是在没有阶级对立情况下发展起来的，现在社会分裂为阶级并展开了剧烈的斗争，这样就打乱了原始社会的生活秩序，它按老样子再也生活不下去了。特别是部落之间频繁的战争，加强了军事首长的权力，他再也不以本身所据有的显赫地位为满足了，权力谋取把他的权力传给他的子孙后代。

这样就逐渐由"选贤任能"的公天下过渡到"父死子继"的家天下，由氏族民主制过渡到王位世袭制，国家与法律也就随之而出现了。

由此可见，法律不是从来就有的，而是随着私有制和阶级的产生而出现的，是阶级矛盾不可调和的产物。法律与国家一样，都是阶级社会特有的现象，是一个阶级压迫另一个阶级的工具。

当然，这并不是说，产生了法律，人与人之间突然变得不平等了，社会就比从前更加野蛮，更加落后了。法律的产生和国家一样，是人类由野蛮进入文明的重要标志之一。

换句话说，法的产生是社会进步的标志。为什么这么说呢？尽管奴隶制法律是极其残酷的，甚至一人犯罪要祸灭九族，但它用法律手段建立了某种公共秩序，使人们在秩序的范围内活动，从而制止了部族间的野蛮残杀，这当然是社会的一大进步。

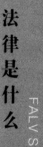

法学与法的历史类型

随着社会的不断进步，各种法律越来越多，一门科学也随之产生了，这门科学就是法学。法学，也称法律学或法律科学，是社会科学中以法律为研究对象的一门独立的科学。

每一门学科都有自己独特的研究对象。法学的研究对象是法律，主要研究法律产生、发展和消亡的规律，法律的本质、特点、形式和作用，法律的制定和实施，以及与法律有密切联系的各种法律现象和法律思想。

法学是在社会的政治、经济和文化发展到一定阶段，出现了成文法律和比较完整的法律体系以后，逐步形成和发展起来的。成文法律是指法律条文已经是确定下来的，明文写在纸上的。

法的体系，通常指以一个国家的全部现行法律规范分类组合为不同的法律部门而形成的有机联系的统一整体。任何一个国家的法律，不论其表现形式如何，都有其一定的体系，它归根结底由一定的经济关系所决定。在统一的法的体系中，各种法律规范，因其所调整的社会关系的性质不同，而划分为不同的法的部门，如宪法、行政法、刑法、刑事诉讼法、民法、经济法、婚姻法、民事诉讼法，等等。

正是由于成文法的出现，法律体系不断完善，才产生了法学。没有法律的产生和发展，没有立法的要求和实践，就不会有法学。恩格斯曾经指出："随着立法发展为复杂和广泛的整体，出现了新的社会分工的必要性，一个职业法学者阶层形成起来了，同时也就产生了法学。"

法学的出现虽然较晚于法律，但从世界范围来看，迄今至少已有3000多年的历史。所以法学堪称为一门古老的科学。

法律是统治阶级社会特有的一种社会现象，它体现统治阶级的意志和利益，是统治阶级实现统治的重要工具。因此以法律为研究对象的法学，必然具有强烈的阶级性。

在马克思主义法学产生之前，历史上先后出现过三种类型的法学和法律。第一种类型是奴隶制法。奴隶主对于作为生产资料的奴隶人身的完全占有是其产生和存在的社会历史条件。奴隶制法以《汉谟拉比法典》、《十二铜表法》、《摩奴法典》和中国上古的"禹刑"、"夏刑"、"汤刑"、"周礼"等为代表，其本质是严格维护奴隶主阶级的生产资料私有制，其特点是公开确认自由民之间的不平等，以十分野蛮的惩罚措施维护奴隶主的政治统治，保留许多原始社会规范的遗痕等。

第二种类型是封建制法。封建主阶级占有绝大部分土地和不完全占有生产者是其产生和存在的社会历史条件。封建制法以《秦律》、《查士丁尼国法大全》、《撒利克法法典》、《诺曼底习惯法》、《古兰经》为代表，并以帝制时期的中国法最为典型，其本质是严格维护封建土地所有制和农民对封建主的人身依附关系，其特点是公开规定封建等级特权，用残酷的手段镇压人民的反抗，封建邦国间的条约和宗教信条是成文法的重要渊源等。

第三种类型是资本主义法。生产资料掌握在少数资本家手中，而无产阶级被剥夺生产资料，被迫出卖劳动力，为资本家创造剩余价值，是其产生和存在的社会历史条件。资本主义法以法国《人权宣言》、英国《权利法案》、美国《独立宣言》、《法国民法典》、《德国民法典》等为早期代表，

法律知识一本通

FALV ZHISHI YIBENTONG

其本质是维护以剥削雇佣劳动为基础的资本主义私有制，其特点是确认私有财产神圣不可侵犯原则、确认契约自由原则、形式上宣布法律面前人人平等、维护资产阶级的自由与平等及人权、维护资产阶级专政和代议制政府、确认法制原则等。

19世纪中叶，随着马克思主义的诞生，产生了马克思主义法学。它的出现打破了几千年来剥削阶级法学的垄断，驱散了剥削阶级在法学领域里散布的种种迷雾，给法学领域带来了根本性的变革。

马克思主义法学即无产阶级法学，是无产阶级法律观的科学表现，是无产阶级和广大劳动人民进行革命和建设的思想武器。它运用无产阶级的世界观和方法论——辩证唯物主义和历史唯物主义，研究了法律发展的全部历史，批判继承了人类的法律文化遗产，揭露了剥削阶级法学反科学、反人民的本质，在此基础上，科学地阐明了法律的起源、本质、作用及其发展规律，把法学的阶级性和科学性统一起来，使法学成为一门真正的科学。阶级性和科学性的统一，是马克思主义法学独具的特点，也是马克思主义法学区别于一切剥削阶级法学的根本之处。

马克思主义经典作家曾预言，在未来的共产主义社会，随着阶级的消灭、国家的消亡，法将失去根基而不复存在。当然，对于法未来是否会消亡这一问题，很大程度上取决于对法如何定义，从不同的定义出发可能有不同的解释和预测，不必过多地作无谓的争论。

法代表统治阶级意志

在前文中，我们已经提到法是阶级社会的产物。因此，法无可避免地打上了阶级社会的烙印。那么，法的本质是什么呢？

法的本质，是指法这一事物内在的必然联系，是法的根本属性。对于什么是法的本质，剥削阶级的思想家、法学家曾作过各种各样的解释，有的说是神的意志，有的说是上帝的意旨，人类的理性等等。

1789年，法国《人权宣言》第六条规定："法律是公共意志的表现。"这个定义成为资产阶级法学家对法的本质所做出的权威性的说明。当然，这种说法掩盖了法的阶级本质，抹煞了法的阶级内容。只有马克思主义诞生以后，才真正揭示了法的本质。

马克思主义认为，法是由统治阶级物质生活条件决定的，反映统治阶级意志的，经国家制定或认可并由国家强制力保证实施的行为规范的总和，其目的在于确认、保护和发展对统治阶级有利的社会关系和社会秩序。

首先，法是统治阶级意志的体现。法具有强烈的阶级性，它是掌握了国家政权的统治阶级的意志的反映。

在阶级社会中，统治阶级和被统治阶级之间，是不可能存在共同的利益和统一的意志的，因此，也不可能有体现"统一意志"的法律。这里所谓的意志，是指人们的愿望和要求，是一种有目的的意识。在阶级社会里，处于不同地位的阶级，都有自己的愿望和要求，但他们的意志不能都表现为法，只有掌握了国家政权的阶级，才能将本阶级的意志通过法表现出来。被统治阶级由于不掌握国家政权，所以法不体现被统治阶级的意志。正如列宁所说，"法律就是取得胜利、掌握国家政权的阶级的意志的体现。法也不是统治阶级中某个个人和某个集团意志的体现，而是整个统治阶级的阶级意志的体现。"

在阶级社会里，统治阶级为了维护本阶级的利益，为了镇压被统治阶级的反抗，对全社会实行国家领导，巩固自己在经济上、政治上、思想上的统治，维护有利于本阶级的社会秩序，除了依靠军队、警察、法庭、监狱等暴力机构直接镇压敌对阶级的反抗之外，还需要把全社会成员，尤其是被统治阶级的行为纳入自己的统治秩序的轨道，这就需要有体现统治阶级意志的行为规范来约束。统治阶级不仅有这个必要，而且统治阶级也可能做到这一点，即利用掌握的国家政权将这种体现本阶级意志的规范变为法律。因此，法律只能是统治阶级意志的体现。

其次，法是统治阶级的国家意志。法是统治阶级意志的表现，但统治阶级的意志的表现不一定都是法律。法是被奉为"法律"的统治阶级的意志。所谓被"奉为法律"，是指统治阶级通过国家机关的制定或认可，把本阶级的意志上升为国家的意志，用法律形式表现出来的并以国家强制力保证其实施的具有普遍的约束力的行为规则。

正如马克思所说的：任何一个统治阶级，为了实现其阶级统治，"除了必须以国家的形式组织自己的力量以外，他们还必须给予他们自己由这些特定关系所决定的意志以国家意志即法律的一般表现形式。"

列宁也说过："意志如果是国家的，就应该表现为政权机关所制定的法律，否则，'意志'这两个字只是毫无意义的空气震动而已。"所以作为法的那一部分统治阶级的意志，只是统治阶级以法律形式表现出来的国家意志。

法所表现的统治阶级的意志，是由统治阶级的物质生活条件所决定的。法是统治阶级的意志，而意志属于社会上层建筑的范畴，它并不是凭空产生的，这种意志的内容，是由统治阶级赖以生存的物质生活条件，即社会的经济基础决定的，这就是指法的客观性。任何统治阶级都不能离开当时的物质生活条件去随心所欲地制定法律，而必须使自己制定的法律成为客观物质生活条件的正确反映。如果离开一定的物质生活条件，制定出违背经济规律的法律，不仅在实际生活中无法实施，甚至会对经济发展起破坏作用。

从上面的表述中我们可以看出，法的本质是以法律形式上升为国家意志的统治阶级的意志，而这种意志的内容是由统治阶级的物质生活条件所决定的。

从马克思主义关于法的本质这一基本原理出发，社会的统治阶级为了维护和发展本阶级赖以生存的经济基础，为了建立和维护有利于本阶级的社会关系和社会秩序，为了保卫和巩固其国家政权，除了要依靠军队、警察、法庭、监狱等国家机器来实现其阶级专政以外，还必须把自己的意志以法律形式表现为国家的意志，强迫全体社会成员一律遵行。这就是说，统治阶级若想巩固自己的统治地位，就必须把依法治国作为其施政的基本方针。

法在当代有什么作用

法作为社会关系的调整工具，它对人们的生产、生活和社会的发展起着十分重要和多方面的作用。统治阶级总是通过创制各种法律规范，通过发挥法的作用，积极调整社会各方面的关系朝着有利于自己的意志和利益的方向发展。

　　法律的作用同法律的产生是密切联系着的，正因为法律具有原始社会的习惯所不曾有的作用，所以它刚产生出来就被统治阶级掌握。从法律的作用来讲，法律是统治阶级治理国家的工具，它积极维护统治阶级的利益，为巩固统治阶级在政治上和经济上的统治服务。

　　法律的作用，是法律本质属性的外在表现，由于不同历史类型的法律赖以存在的经济基础和它所反映的阶级意志有着本质的区别，因而它们在国家生活的社会生活中所起的作用也是不同的。所以，研究和了解法律的作用，有助于青少年加深对法律的本质的认识，有助于青少年懂得学法的重要性和紧迫感。

　　当代法理学认为，法的功能应从以下两个角度来认识。第一，从法的特征出发，法具有调整人的行为的规范功能。第二，从法的本质出发，法具有维护经济基础和发展生产力的社会功能。法的规范功能与社会功能二者之间是手段和目的的关系，即法通过规范功能实现社会功能。

　　我们先来看法的规范功能。法的规范功能可以分为五个方面，分别是指引功能、评价功能、预测功能、教育功能和强制功能。

　　我们每一个人在社会生活中都有赖于两类行为指引来安身立命、处世行事。第一种是所谓个别指引，即通过每一个具体的特定的指示来对具体的人和情况予以指引。比如，一位成年人引领着一名孩童行路，对孩童而言，就是依赖于引路的成年人这项个别指引方无失于途。

　　第二种是所谓规范指引，即通过一般的普遍性的指示来对同类的人和情况予以指引。比如，一位成年人来到一座陌生的都市，他购买当地地图，依图示行进，并无需依赖于另一位成年人带路，对这位成年人而言，就是依赖于地图标识这项规范指引方可免迷路之虞。法律作为一种社会规范，具有重要的指引功能，且是一种典型的规范指引，它使得每个人对自己的行为都可以依法律指引而自律。

　　在日常人际交互活动中，每一个人的行为都会受到来自他人的评价。而评价过程中，判断与衡量的尺度或确定或模糊、或客观或主观，不一而足。比如，经常会出现这样的情形，在一起民事纠纷发生后，站在不同的道德立场上，我们的情感可能会倾向于不同的当事人。而在各种各样的评价方式中，法律重点在于评价人们的行为是否合法或有效，可以提供能为世人所共识的、公认的，具有普遍性、确定性、客观性的尺度。它让我们可以根据法律来对他人的行为进行规范评价，从而使每个人的行为都受到他律。这就是法的评价功能。

古语云："凡事预则立，不预则废。"也就是说，人们总是希望通过预测自己与他人相互之间将来可能发生怎样的行为，来提前做好准备，并尽可能地优化自己的行为策略，从而趋利避害，谋求最佳的行为效果。法律正是提供着预测的功能，使人们能够预先估计自己与他人之间（包括与国家机关之间）可能发生的行为及其一系列反应。比如，车流汹涌的路段对于行人而言本是高危险的区域，但人们确信只要遵守交通法规即可安全通行。因为大家会预测到，如果某人违章肇事，就将受到国家主管机关的惩处，而不敢轻易地以身试法。这就是交通法规之预测功能的生动体现。法律通过预测功能，建立并强化着人们之间的信任关系。

在日常生活中，付诸实施的法律总会广泛、深刻地影响着社会现实。或是令人扼腕痛惜的负面教训，或是令人击节叫好的正面典型，或亲历或传闻，耳濡目染，无不使人透过实例瞥见法的精神，受到启蒙、启示或启迪，正如古语所云："见贤思齐，见不贤则改过之。"并将遵宪守法的观念自觉地植根于内心，由此树立起对法律的信任、信念乃至信仰。这就是法的教育功能。

另外，法还具有强制功能。在社会现实中，铤而走险者有之，抗法逆行者亦有之。因此，当法不能始终为人们所自愿地遵守时，就必须凭借国家强制力的强迫方得以遵守，即古语所谓"以暴去暴，以恶去恶"。国家的强制力是法的实施的最后的保障手段。当然，国家专门机关运用强制力时，也必须依法进行，受法律规范的约束。

下面，我们再来看法的社会功能。法的规范功能是其社会功能的手段，其对象是人的行为，具有形式性和表象性，是一切法所普遍具有的共性；而法的社会功能则是其规范功能的目的，对象是社会关系，即人与人之间的关系以及社会化了的人与自然之间的关系，具有内容性和本质性，在不同的历史时期、不同的国家或地区中存在着显著的差别。

以往通行的观点认为，在阶级对立的社会中，法的社会功能一般分为两大部类。一部类是法在维护阶级统治方面的社会功能，包括：调整统治

阶级与被统治阶级之间的关系；调整统治阶级内部的关系；调整统治阶级与其同盟者之间的关系，等等。

另一部类是法在执行社会公共事务方面的社会功能，包括：维护人类社会的基本生活条件；维护生产和交换条件；促进公共设施建设，组织社会化大生产；确认和执行技术规范；促进教育、科学和文化事业，等等。

在当代社会主义中国，阶级对立已被基本消灭，继续沿用上述法的两大部类社会功能"二分法"已不能很好地适应时代发展的需要。可试作以下新的概括：总的来说，当代中国法的社会功能是促进实现良性的社会秩序。具体而言，社会功能包括：设定和维护权利机制，保障公民和法人的利益；设定和制约权力机制，规范国家机关及其公职人员的行为；设定和维护各种社会纠纷的解决机制、各类违法行为的制裁机制；设定和维护法律本身良性发展的运行程序和监督机制，等等。

♥中国法律体系的构成

法律规范是法的细胞单元。法律规范是由国家制定或认可，体现统治阶级的意志，以国家强制力保证其实施的行为规则。

法律规范通常由三个部分组成：一是："假定"。它指明行为规则适用的条件；二是处理（或称"命令"），即行为规则本身，它指明要求怎样做。不能怎样做；三是"制裁"，它指明违反规范的法律后果。

根据一定的原则和标准，同类所有的现行法律规范作为有机整体，组合成特定的法律部门。而一个国家全部的法律部门作为有机整体，就构成该国的法律体系。因此，法律规范、法律部门、法律体系这三个概念分别是从微观、中观、宏观的层面对法的组成所作的刻画。

一个国家的法律体系中有多少个法律部门，法律部门以什么原则和标准来划分，有时难以定论。法的体系又叫法律体系或法制体系，是指由本国全部现行法律规范分类组合为各个法律部门而形成的一个国家的法律的有机联系的统一体。我国由于正处于深刻的社会转型和法律变革时期，旧法裁汰、新法兴起，使得部门法的划分问题显得颇为复杂。因此，在法律部门的划分原则上，应坚持从实际出发，注意适当平衡、保持相对稳定，并辩证看待法律部门的新陈代谢，这样才能使我国的法律体系具有严整性、有序性、开放性。

一个国家的现行法律规范是多种多样的，它们调整不同领域里的社会关系，涉及到社会生活的各个方面，有着各种不同的内容和形式。但由于它们都是建立在共同的经济基础之上的，体现同样的阶级意志，具有共同的指导原则及共同的目的和任务，因此它们之间又有内在的统一性，构成一个有机联系的整体。

法的体系既说明一国法律规范之间的相互区别，又说明它们之间的相互联系。由于各种法律规范所调整的社会关系不同，所以才区分为不同的法律部门；而各个不同的法律部门又相互联系、相互补充并具有内在的统一性，所以又构成一个完整的法律体系。我们研究法律体系，对于加强法律规范的协调一致，改进国家的立法工作（包括行政立法工作），完善现行的法律制度（包括建立地方法规体系），更好地发挥法律对各种社会关系的调节作用，都具有重要的理论意义和实际意义。

我国社会主义法律体系的建立，经历了一个曲折的发展过程。党的十一届三中全会提出把人民民主制度化、法律化，开始了有领导、有计划的法制建设，国家权力机关加快了立法的步伐。经过十多年的努力，现在我国以宪法为基础的社会主义法制体系已基本形成，各项法律制度正在日益完备。

从我国现行的法律规范和法制建设的需要出发，以各种法律、法规、规章在法律体系中的地位来划分，我国的社会主义法律体系大体上应当包括以下四个层次的法律部门：

第一个层次为宪法，即国家的根本法。宪法序言指出：本宪法以法律的形式确认了中国各族人民的奋斗成果，规定了国家的根本制度和根本任务，是国家的根本法，具有最高的法律效力。

因此宪法在我国社会主义法律体系中居于至高无上的地位，是全国人民的根本的行为准则，是我国社会主义法律制度的基础，是一切立法的根本依据，是所有法律、法规的母法。任何法律、法规和规章，如果与宪法相抵触，都是非法的、无效的。

第二层次为法律，这其中又分为基本法律和一般法律。所谓基本法律

的调整对象都涉及到社会关系的一个或几个方面的基本问题，都是由国家最高权力机关全国人民代表大会全体会议通过的，如刑法、民法、行政法、婚姻法、经济合同法、民族区域自治法、刑事诉讼法、民事诉讼法、行政诉讼法等等，都是仅次于宪法的基本法律，是我国社会主义法律体系中的骨干。

所谓一般法律的调整对象只涉及到社会关系的一个方面的问题，基本上都是由全国人民代表大会常务委员会通过的，如森林法、草原法、水法、矿产资源法、文物保护法、食品卫生法、统计法、商标法、专利法、公司法、消费者权益法、反不正当竞争法等等，都是仅次于基本法律的一般法律，是社会主义法律体系的重要组成部分。全国人民代表大会常务委员会制定的条例、发布的决议以及其他规范性的文件，也都属于一般法律。无论是基本法律还是一般法律，都不得与宪法相抵触，否则就是无效的。

第三个层次为法规，法规又分两大类，一类是国家最高行政机关即国务院依法制定的行政法规，它涉及到社会生活的各个方面和政府行政管理工作的各个领域，对保证宪法和法律的实施以及推动政府依法决策和依法行政，都具有极为重要的作用。

另一类是地方性法规，是由省、自治区、直辖市人民代表大会及其常务委员会所制定的，是本行政区域内处理各种社会问题的依据，其作用也非常重要。民族自治地方的自治机关所制定的单行条例，也属于地方性法规。国务院制定的行政法规不能与宪法、法律相抵触；地方性法规不能与宪法、法律和行政法规相抵触，否则都是无效的。

第四个层次为政府规章。这一类包括国务院各部、委、局及省、自治区、直辖市人民政府和省、自治区人民政府所在地的市及国务院批准的较大的市的人民政府所制定的行政规章，同时也包括国务院批准的较大的市以外的市、县、乡（镇）人民政府所制定的决议、命令及其他规范性的文件，它们都是具有普遍约束力的行政管理法规，都在国家行政管理中发挥着重大的作用，也是社会法律体系的不可缺少的组成部分。

但行政规章不能与宪法、法律、行政法规、地方性法规以及上一级行政机关所制定的规章相抵触，否则就是无效的。因此政府在制定规章时，必须在合法性、科学性和可行性等方面多下功夫，切实保证规章的质量。

❤ 法的生命力从哪里来

法在治理国家中能不能发挥作用，关键在于兑现，在于执行。所以说，法的生命力在于不折不扣地实施。不论多么好的法律、法规，如果束之高阁，或者把它当做一种装饰品，它都不会在治国安邦中发挥任何作用。

在一个国家，法的制定活动会产生大量的法律规范文件，但这些法律规范文件若不能付诸实施，便是一纸具文，只有付诸实施，才能使法律在现实中获得生命力，完成从静态到动态的转变、从应然到实然的飞跃、从抽象到具体的升华。

法的实施，就是指一定的主体在社会生活中实际施行法律规范的活动。它主要包括四个环节：

第一个环节是法的遵守。法的遵守简称守法，指一定的主体以法律作为自己的行为准则，依照法律行使权利、履行义务的活动。在我国，全体公民、各国家机关、各社会组织、各政党都是守法的主体。关于守法标准的理解，除了消极意义上"不违法即守法"外，更应注意积极意义上根据授权性法律规范主动行使权利的涵义。

第二个环节是法的执行。法的执行简称执法，指国家行政机关依法行使管理职权、履行职责、实施法律的活动。在我国，中央与地方各级人民政府及其所属的享有执法权的机构是行政执法的主体。执法具有国家强制性、主动性和单方性。执法活动的总要求是"依法行政"。

第三个环节是法的适用。法的适用简称司法，指国家司法机关依法定职权和法定程序，具体运用法律处理案件的活动。在我国，人民法院和人民检察院是专门的国家司法机关。司法具有国家强制性、严格程序性和公民在适用法律上的平等性。司法活动的总要求是"正确、合法、及时"，总原则是"以事实为依据，以法律为准绳"。

第四个环节是法律监督。法律监督简称督法。广义上，指由所有国家机关、社会组织和公民对法律活动的合法性所进行的监督。狭义上，指由特定国家机关依法定职权和法定程序，对立法、执法、司法活动的合法性所进行的监督。在我国，法律监督的实质是，以民主为基础、以法治为原则、以权力的合理划分与相互制约为核心，依法对各种行使国家权力的行为和其他法律活动进行监控和督察。

我国社会主义法制的基本原则是："有法可依，有法必依，执法必严，违法必究。"在现实生活中，个别有令不行，有禁不止的现象仍时有发生；而一些地区和部门，执法不严，违法不究的事情也时有发生。因此当前法制建设中的主要矛盾已基本不是"无法可依"的问题，而是"有法不依，执法不严，违法不究"的问题。

必须明确，维护法制的尊严，保证法律的执行，是社会主义建设事业取得成功的一个关键。法律是规矩，是准绳，是尺度。无规矩不成方圆，无准绳难辨曲直，无尺度难分短长。治理国家若无法律，则纷繁复杂的社会关系就无法调整，生活秩序、工作秩序、生产秩序和社会秩序就无法维持。事实早已证明，如果社会主义经济建设脱离了法制轨道，也势必要走到邪路上去。所以国家的法律、法规能否得到贯彻执行，关系到国家的长治久安和社会现代化建设的成败问题。对此，任何一个关心国家富强的人都不能掉以轻心。

应当指出，法的实施和兑现分为两方面，一是全体人民遵守法律，按照法律的规定而行动；二是国家公务员要依法决策和依法行政，维护国家法制的尊严。这就是说，法的实行包括百姓守法和公务员守法两方面，这两方面相依存，缺一不可，但主导方面还在于公务员依法办事，而不在一般的平民百姓。

因为公务员是政府的组成人员，都掌握一定的权力，是执行国家各项政策的工具，如果公务员守法，特别是统治集团上层人物守法，就可以给群众树立一个良好的榜样，就可以带动广大人民守法。言教不如身教，榜样的力量是无穷的。唐太宗李世民说过："若安天下，必须先正其身，未有身正而影曲，上治而下乱者。"这说明统治阶级成员及其官吏以身作则地遵守法律，是保证国家法律得以贯彻实施的关键。换句话说，如果各级政府官员，自己违法乱纪，甚至贪赃枉法，把政治搞得腐败不堪，又怎么能去要求群众遵纪守法呢？

如果硬要群众守法，那只好使用强迫手段，其后果是群众"口服心不

服"。这样，就必然蕴藏着不稳定的社会因素。事实上，不论任何国家或任何朝代，实施法律都比制定法律要困难得多。

权利和义务相辅相成

法律是调整人们行为的准则，那它怎样进行调整呢？法律主要是通过确立人们之间的权利与义务关系，来实现这种调整的。所以权利与义务构成了法律的基本内容，换句话来说，无论什么法律都是有关权利与义务的规定。

按照宪法的规定，我国公民享有充分的政治权利、经济权利和文化教育方面的权利，同时也承担相应的义务。公民的权利与义务必须由国家以法律的形式加以确认和保障才有可能兑现，离开了法律去谈权利与义务是没有任何实际意义的。

那么，什么是权利呢？公民的权利，是法律规定的公民有权作某种行为，获得某种利益的可能性。

不同的法律，对公民的权利有不同的规定。例如，在婚姻法里，规定公民有结婚的权利；在继承法里，规定公民有继承遗产的权利。这些是公民在社会生活某一方面的权利。宪法所规定的公民权利，是每个公民在国家的政治、经济、文化、教育等方面的最根本的权利，因此，被称为公民的基本权利。

那什么是义务呢？公民的义务，是国家和社会要求公民必须履行的责任，并且用法律来保证实现。例如，我国婚姻法规定，父母必须对子女尽抚养教育的义务。如果父母不履行这项义务，法律就要强制他们履行。因此，公民的义务具有强制性。

宪法规定的公民义务，是公民对国家、对社会必须履行的最起码、最重要的义务，因此，称作公民的基本义务。这些义务包括：维护国家的统一和全国各民族的团结；遵守宪法和法律，保守国家秘密，爱护公共财产，遵守劳动纪律，遵守公共秩序，尊重社会公德；维护祖国的安全、荣誉和利益，保卫祖国，抵抗侵略，依法服兵役和参加民兵组织；依法纳税。

另外，在其他的法律里，也对公民的义务作了具体的规定。例如，民法规定了公民的民事义务，经济合同法规定了签订合同双方承担的义务等。

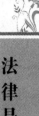

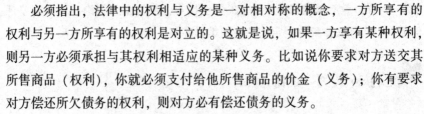

法律知识一本通

FALV ZHISHI YIBENTONG

必须指出，法律中的权利与义务是一对相对称的概念，一方所享有的权利与另一方所享有的权利是对立的。这就是说，如果一方享有某种权利，则另一方必须承担与其权利相适应的某种义务。比如说你要求对方送交其所售商品（权利），你就必须支付给他所售商品的价金（义务）；你有要求对方偿还所欠债务的权利，则对方必有偿还债务的义务。

这说明不论任何人享有权利，都必须以自己或他人履行义务为基础。如果没有以义务为基础的权利，只能是一种空洞无物的，毫无使用价值的权利，不会给权利享有人带来任何实际的利益，所以是一张永远也不能兑现的空头支票。这也就是说，作为权利的法定可能性，只是一种可能性，如果不把权利与义务结合起来，则权利永远也不会变为现实。正因为如此，权利与义务是不能分开的也是不应分开的，它们之间的内在联系是客观存在的，是不以人们的主观意志为转移的。

无论是事实还是理论都告诉我们，权利与义务是构成一切法律规范和法律关系的两个不可缺少的要素，是调整一切社会关系特别是经济关系的两个不可缺少的工具，也是维系一切社会和集体得以存在和发展的两根不可缺少的纽带。如果只讲权利，不讲义务，不仅在理论上是错误的，在实践上也是极其有害的。如果每一个社会成员只想享有权利而不想去履行他对社会的责任与义务，那这个社会就必定要出现混乱，就很难有秩序地生活下去。

权利与义务的统一，是马克思主义权利义务观的本质与核心。马克思早就说过："没有无义务的权利，也没有无权利的义务。"这说明无论在什么情况下都不能把权利和义务分割开来，它们是一个统一体的两个侧面。而权利与义务的统一，也是我国宪法的一项基本原则。宪法第33条规定："任何公民享有宪法和法律规定的权利，同时必须履行宪法和法律规定的义务。"

这项规定表明，任何公民在行使自己享有的公民权利时，都必须遵守宪法和法律，遵守社会秩序，并承担不得损害法律所保护的国家的、社会的、集体的利益和他人的合法权益的义务。权利与义务的统一，就是民主与法制，自由和纪律的统一。这样统一体现了我国社会主义民主制度的基本特点及其所代表的广大人民的根本利益。

宪　法

宪法的制定及其原则

"宪法"这一词，在古代就有了。它最早是从拉丁文翻译过来的，原意有三种：一是指"组织"，一是指"确认"，一是指"结构"。在欧洲，"宪法"最早被用于古罗马帝国的立法中，表示皇帝颁布的"救令"、"诏令"、"谕旨"等，并用来区别市民会议通过的法律文件。当时并非指国家根本法。

"宪法"这个词在我国古籍中也早有记载。如《尚书》中的"监于先土成宪"，《国语》中的"赏善罚奸，国之宪法"；《唐书》中的"永垂宪则，则范后进"等。但这些"宪"或"宪法"都是指国家的一般法律，多具有刑法之意，也不是指国家根本法。作为国家根本法的宪法，是 17 世纪、18 世纪随着资产阶级革命取得胜利后才出现的。

宪法是集中表现统治阶级的意志和利益，确认民主制度，规范和限制政府的权力，保障公民的基本权利的国家根本大法。尽管它的内容涉及国家生活的各个方面，但基本内容为国家权力的正确行使和公民权利的有效保障两大块，而且后者居于支配地位。

因此，它以人民主权原则、基本人权原则、权力制约原则、法治原则为基本原则，它的规范是调整国家最基本、最重要的社会关系的根本性法律规范，因宪法规范的调整而形成的宪法关系是一国法律关系体系中最基本的法律关系。充分发挥宪法的作用，实现宪法价值，必须坚持宪法至上，

不断落实和完善宪法基本制度，切实保障宪法实施，将"纸上的宪法"转化为"现实的宪法"。进一步加强和完善宪法实施保障机制，是我国民主和法治建设的一项紧迫任务。

宪法的制定，是指有权决定国家统治形态的阶级运用制宪权，具体创造宪法，以巩固统治关系的法律行为和程序。它通过创立宪法将统治阶级的民主制度法律化、条文化、固定化，规定国家的性质、政权组织形式、经济制度、国家结构形式、公民的基本权利和义务、国家机关的组织和活动原则、国家标志等，反映主权者的根本意志，建立以宪法为基础的权力制约机制。

制宪权是制宪主体按照一定原则创造国家根本法的权力。这种制定宪法的权力，不同于由宪法所创立的权力，是决定国家根本体制的最高的权力，是根源意义上的国家权力。由于国民是制宪权的主体，制宪权是主权国家独立意志的体现，所以它是统一的和不可分的，是一切权力的总的依据。但是，按照现代宪法学理论，制宪权并不是绝对的权力，它本身是有界限的，其行使受一定原理或原则的约束。具体地说，制宪权要受宪法目的的制约，受法的理念的制约，受自然法的制约，受国际法的制约。

国民是制宪权主体，并不意味着全体国民都直接参与制宪过程，实际参与的只是一部分国民或者经选举产生的代表，享有制宪权与实际行使制宪权不同。为了使国民有效地行使制宪权，各国通常成立制宪会议、国民会议、立宪会议等不同形式的制宪机关，并赋予制宪机关相对独立的职权。不过，制宪会议是为制定宪法而专门召集的会议，属于一种临时的制宪机构，完成制宪任务后即行解散，如1787年出现在美国的费城制宪会议。

我国宪法没有具体规定制宪机关，只规定全国人民代表大会有权修改宪法，但是在我国，制宪权与修宪权行使主体是统一的，第一部宪法的制定与几次修改都由全国人大通过，全国人大是我国的制宪机关。

为了保证制宪工作的权威性与严肃性，制定宪法必须遵循严格的程序，一般包括设立制宪机构、提出宪法草案、通过宪法草案、公布宪法等阶段。保证制宪机构的民主性与权威性是制宪程序的重要内容，因此，制宪机构的代表应具有广泛性，真正代表各方面的利益，制宪机构的产生过程必须民主，制宪机构成员必须具有高素质。

宪法草案的起草要遵循一定的指导思想或原则，以保证草案内容的合理性。在宪法草案的讨论过程中，不可避免地会遇到各种利益的协调问题，要通过不同层次的利益协调，寻找共同的社会基础。宪法草案的通过多由议会、代表机关决议通过，一般规定是，制定宪法要获得国家立法机关成员 2/3 以上或 3/4 以上的多数赞成才能通过，有的国家通过宪法还需要全民公决、国民投票等形式。宪法草案经一定程序通过后，由国家元首或代表机关公布。我国通过和公布宪法的机关是全国人民代表大会。

　　我国是采用成文宪法典的国家。现行宪法全文共 4 章，7 节，138 条，另附 17 条修正案。从宪法典的格式上看，现行宪法有名称、目录、序言、正文以及通过机关、制宪时间、公布机关和公布时间等。

　　从宪法典的内容结构上看，按照调整对象的性质不同，现行宪法的内容包括国家的根本制度、公民的基本权利和义务、国家机关的组织、权限和活动原则等；按照调整对象的方式不同，现行宪法包括史实性条款、纲领性条款、基本原则条款、规则模式条款、宪法的效力条款和修改条款等。宪法的效力条款和修改条款分别出现在序言和正文的分则中，没有单列附则加以规定。

规范对象和规范作用

　　宪法是国家的根本法，宪法规范的对象，是与国家政权的运作有关的行为，包括国家政权的行为，政党的行为，以及公民的参政行为。至于其他方面的社会关系，虽然有些在宪法中做了原则性规定，但需要其他部门法具体化，才具有可操作性，实际上由其他部门法来调整。

　　首先，宪法规范国家政权的行为，包括政权自身的组织行为，如何组建和延续国家政权，以及国家机关和国家公务人员运用职权的行为。可以说，宪法是为国家和执政者立下的规矩，是政权自我约束的规范体系。宪法把国家机关立法、执法、司法的全部活动纳入法定轨道，防止执政者的主观随意性和以权谋私行为。即使社会主义类型的国家政权，也需要用宪法来规范。

　　我国宪法确认了人民主权原则，国家机关只能行使人民以宪法明确赋予的权力，规定了我国的政权组织形式为人民代表大会制，规定各国家机关的职权范围及其相互关系，使国家机关各司其职、协调配合地共同实现国家的职能。

其次，宪法规范政党的行为，把各政党影响、控制国家政权的活动纳入法定轨道。包括政党如何组成，如何执掌政权或者干涉政治，各政党如何组织和宣传群众，如何在选举中争取更多的席位，在议会中进行合法的斗争。

关于政党制度，世界多数国家的宪法未做规定，或只有原则性规定，被称作"潜在宪法"。我国宪法规定，中国共产党领导的多党合作、政治协商制度将长期存在和发展。共产党是我国的执政党，在国家政权中起着核心领导作用，其他各民主党派是参政党，它们与共产党的关系，既是领导与被领导的关系，又是合作共事的联盟关系。执政的共产党应在宪法和法律的范围内，对国家和社会的领导应依法进行，各级党组织不能代替或干涉国家机关行使职权。

最后，宪法规范公民的参政行为，包括公民参加政治活动，管理国家事务的途径、方式和程序。公民的行为一般由其他的部门法来调整，而参政行为则由宪法或宪法性法律直接规范。我国公民的参政行为有以下两方面：

第一，行使选举权和被选举权，直接选举县、乡两级人大代表，组成县、乡两级人民代表大会，上一级人民代表大会由下一级人民代表大会选举产生，其他国家机关如行政、审判、检察机关由人民代表大会组织，因此，公民的选举行为是建立国家政权的基础。

第二，公民对国家机关和国家公务人员的活动有权进行监督，公民有批评、建议、申诉、控告、检举的权利。同时，公民行使参政权利，必须遵守法律，不得危害社会的安定团结。

事先审查和事后审查

宪法监督是有关国家机关对宪法实施情况进行的监督审查。包括审查法律、法规及法律性文件是否符合宪法，审查国家机关及其工作人员的行为是否符合宪法，审查各政党、团体、企业事业组织的行为是否符合宪法。

宪法监督的主要方式有两种：第一种方式是事先审查，又称预防性审查，是在法律和其他法规的制定过程中，由专门的机关审查其合宪性，如果发现违宪问题，可以立即修改、纠正，以避免其在制定完成并生效之后产生不良的后果。

例如，法国在有关的组织法、议会两院的规则等颁布实施之前，要提交宪法委员会审查其是否合宪，若判定违宪，则不能公布施行。

第二种方式叫事后审查，已经生效的法律、法规在执行过程中或适用过程中，而对他的合宪性产生怀疑而予以审查，或者因特定的单位或个人就有关的法律、法规是否符合宪法提出请求时，才予以审查。世界上大多数国家采用事后审查制。

宪法诉讼则是具有特殊性的事后审查方式，它是在宪法监督机关主持下，解决因宪法问题引起的纠纷和争议而进行的诉讼活动。

宪法诉讼与一般的民事诉讼、刑事诉讼、行政诉讼具有共同点，即通过诉讼程序解决宪法争议，充分发挥普通公民在宪法监督中的作用，给予公民对违宪行为的起诉权，把公民监督国家活动的民主权利落到实处。

这种通过诉讼程序的宪法监督方式，已经成为各国宪制的一个基本发展趋势。例如，美国司法机关在审理民事、刑事或行政案件的诉讼过程中，当事人可就司法机关所适用的法律、法规是否违宪的问题，请求司法机关对该项法律、法规进行审查，被司法机关宣布为违宪的法律、法规无效。

若审查后裁定为违宪，这个法律或法规即失效。我国监督宪法实施的职权由全国人民代表大会和全国人大常委会行使。

宪法监督的方式既有事先审查方式，又有事后审查方式。关于事先审查，宪法规定，省、直辖市的人民代表大会和它们的常务委员会所制定的地方性法规，须报全国人大常委会备案；民族自治地方的人民代表大会所制定的自治条例和单行条例，须报全国人大常委会批准后才能生效，自治州、自治县的自治条例或单行条例，须报省或者自治区的人大常委会批准后才能生效，同时须报全国人大常委会备案。

这里的"批准后才能生效"是明显的事先审查，"备案"也具有事先审查的性质。关于事后审查，根据宪法规定，全国人大有权改变或撤销全国

宪

法

XIANFA

人大常委会不适当的决定；全国人大常委会有权撤销国务院制定的同宪法、法律相抵触的行政法规、决定和命令，有权撤销省、自治区、直辖市、国家权力机关制定的同宪法、法律和行政法规相抵触的地方性法规和决议等，都属于事后审查方式。

遗憾的是，我国至今尚未建立起宪法诉讼制度，不能通过诉讼程序解决违宪问题。公民对违反民法、刑法、行政法的行为，有权向人民法院起诉，求得公正解决，但对违宪的法规和行为，却无权向国家机关起诉，使一些违宪的规范性文件继续适用，党政机关和企事业单位的违宪行为继续存在，使根本大法与千百万普通公民的生活相脱节。因此，建立宪法诉讼制度已经成为完善我国民主制度的一个重要课题。

国家性质与宪法性质

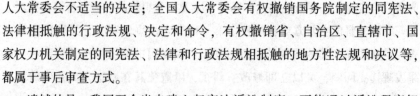

宪法是国家法律体系的重要组成部分。作为集中反映统治阶级意志的国家根本大法，它与国家性质有着十分密切的关系。

17、18世纪，欧洲和美洲相继爆发了声势浩大的资产阶级推翻封建地主阶级统治的大革命。随着资产阶级启蒙思想家们的宣传，一系列有利于资产阶级这场大革命的政治主张和理论被确立，为深入发展资产阶级革命并最终取得革命胜利奠定了强大的思想基础。宪法就是由掌握了国家政权的资产阶级制定出来的，是统治阶级视为体现"全民意志"的最高法，是国家的根本法。

制定根本法的目的就是为了维护国家政权，防止已被推翻的封建势力的反扑和复辟，使已有的资产阶级对其他被统治阶级的统治地位得到进一步巩固。同时通过宪法确立的资产阶级民主制度，调节统治阶级内部的各种关系。这种借助宪法来达到反映并维护国家性质的目的，表明了宪法的产生完全符合维护国家性质的要求。在社会主义时期，无产阶级上升为国家的统治阶级，它借鉴了资产阶级的这种法律形式，通过对社会主义民主制度法律化的建设，对无产阶级内部实行民主上、经济上的利益，巩固人民民主专政的政权。

宪法是由掌握了国家政权的统治阶级制定的。谁掌握了国家政权，谁

就在政治上占统治地位，这就决定了一个国家的根本性质。因此有什么性质的国家，就会有什么性质的宪法。资本主义性质的国家必然产生资产阶级性质的宪法；社会主义性质的国家必然制定出社会主义性质的宪法。不同性质的宪法都是确认和巩固统治阶级实现阶级专政的工具，使统治阶级的统治合法化，使国家政权机关的各项活动稳定有序。国家性质决定着宪法的性质，宪法为维护国家性质而服务，这是国家性质与宪法最密切关系的体现。

国家制度的核心内容是国家性质即国体。因为国体问题表明了社会各阶级在国家中的地位，决定着一个国家的国家形式和国家发展的总方向。作为国家根本法的宪法，其重要任务就是要以法律形式确认国家性质。

但是由于各国的具体国情不同，各国所持国家观不同，因而宪法在对国家性质的反映方式上也不尽相同。大致有如下几种：

一是以明确、直接的方式公开确认国家性质。即在宪法中明确规定社会各阶级在国家中的地位，标明国家的阶级性质，谁是统治阶级、谁是统治阶级的同盟者、谁是被统治者，对哪些阶级实行民主，对哪些阶级实行专政。

这些反映国家性质的最重要、最深刻的问题都在宪法中公开规定。以这种方式反映国家性质的只有社会主义国家的宪法。如 1918 年《苏俄宪法》第 1 条明确宣布："俄国宣布为工农兵代表苏维埃共和国。"表明了在当时的俄国确立的是工农阶级和一切劳动者为国家政权的享有者，对一切剥削者和资产阶级实行镇压的国家性质。这种对国家性质鲜明的态度是其他性质的宪法所没有的。

社会主义宪法之所以敢于公开申明自己的国家性质，是因为：首先，社会主义宪法是以马列主义理论为思想理论基础。马克思主义者总是运用辩证唯物主义和历史唯物主义的观点来考察和研究国家，只有把国家问题同阶级斗争联系在一起，才能真正揭示出国家的阶级属性，即国家是阶级对阶级的专政这一本质。

其次，社会主义国家是人类历史上最先进、最合理的国家，在国家中绝大多数人享有民主，享有政治、经济和文化等各种权利自由，它所确认和保护的是多数人的利益，对少数敌对势力实行专政。因此各阶级在国家中所处的地位就无需隐瞒，完全能够理直气壮地将这个区别于资产阶级宪法的最本质特征——国家性质公开展示于宪法之中。如我国现行宪法第1条明确规定："中华人民共和国是工人阶级领导的、以工农联盟为基础的人民民主专政的社会主义国家。"

二是以掩盖、隐蔽的方式反映国家性质。即宪法在表述国家性质时，以"人民主权"、"民有、民治、民享"等一系列抽象词汇来掩盖国家的阶级本质，极力将国家描绘成没有剥削和压迫的超阶级自由国家。以这种方式反映国家性质的是资本主义国家的宪法。如法国宪法规定："国家主权属于人民"，日本宪法规定："一切权力属于全体国民"，等等。

资产阶级宪法之所以采取隐蔽的方式来反映其国体，是因为：首先，其宪法是以资产阶级"超阶级"的国家理论为指导，它以"契约论"的国家观为思想基础，根本不承认国家的阶级专政实质，因此其宪法在国家本质问题上反映的完全是资产阶级的国家观。

其次，由于资本主义是少数剥削者对于广大劳动人民实行专政，由资产阶级自身利害关系所决定，来掩盖真相，蛊惑人心，并通过这种隐蔽性的规定，达到维护资产阶级统治合法地位的目的。

三是以口号或标语的方式来暗示国家性质。即宪法对于国家性质的规定，常常是以含义模糊笼统的标语或口号方式来表达，其内容反映不出国家的真实状况。如埃及宪法第1条规定："阿拉伯、埃及国家是以劳动人民力量联盟为基础的民主主义和社会主义制度的国家。"

这样的规定，难以反映国家中各阶级的地位，类似的宪法内容在实际生活中也不发挥作用。以这种方式表达国家性质的主要是一些第二次世界大战后相继独立的民族主义国家的宪法。就宪法性质而言，它仍属于资产阶级专政。

由上述宪法对国家性质的三种不同确认方式可以看出：国家性质是决定宪法性质的重要因素，研究国家性质对研究宪法的内容有着重要的指导意义，对不同国家国体的认识上，必须从该国的阶级关系、政治状况及经济状况出发，从宪法在该国实际运用中的作用入手进行分析和判断，而不能仅仅从宪法的文字表述上作出结论。

中国宪法与国家性质

1949 年新中国成立后，我国曾颁布过一部起临时宪法作用的《共同纲领》和 4 部宪法。60 多年以来，由于我国不同时期阶级关系的变化，使得这几部宪法在对国家性质的表述上也有着不同的变化。

1949 年制定的《共同纲领》第一条规定：中华人民共和国实行"工人阶级领导的、以工农联盟为基础的、团结各民主阶级和国内各民族的人民民主专政"。实际上它确认的人民民主专政是中国工人阶级、农民阶级、小资产阶级、民族资产阶级及其他爱国民主分子的人民民主统一战线的政权。

《共同纲领》对国体的规定，正确和鲜明地反映了当时我国从新民主主义向社会主义过渡初期的社会各阶级的关系状况。

1954 年，我国进入了社会主义改造和建设的新时期，社会各阶级关系有了新的变化，人民民主专政也有了新的性质。在同年 9 月第一届全国人民代表大会上，通过并颁布了我国第一部宪法。

1954 年宪法规定："中华人民共和国是工人阶级领导的以工农联盟为基础的人民民主国家。"这里所表述的"人民民主"实际上与人民民主专政的含义是一致的，其民主是一种更为广泛的民主，民主的主体不仅包括了工农劳动人民，还包括了"可以合作的非劳动人民"，即民族资产阶级。

专政的对象也不是全体资产阶级，而是官僚资产阶级。可以说，第一部宪法所确认的政权是一个"中国共产党为领导的各民主阶级、各民主党派、各人民团体的广泛的人民民主统一战线"的新政权。

1975 年制定第二部宪法时，由于人们主观上对阶级斗争的错误认识，反映在宪法对国体的表述上也有所变化，即把人民民主专政改成无产阶级专政，规定："中华人民共和国是工人阶级领导的、以工农联盟为基础的无产阶级专政的社会主义国家。"并在实践中片面地将无产阶级专政强调为绝对的、全面的专政，从而否定民主。

1978 年第三部宪法对国家性质的表述与 1975 年宪法相同，反映出这部宪法在内容上不完善，仍不能适应新的历史时期的需要。

现行的 1982 年宪法对我国的国体明确规定："中华人民共和国是工人阶级领导的、以工农联盟为基础的人民民主专政的社会主义国家。"它准确地表明了我国对广大人民实行民主，对少数敌对分子实行专政的国家政权，反映了我国社会各阶级在国家中的地位。

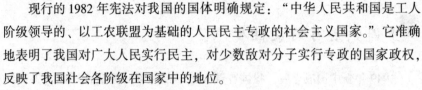

权力分工与制约关系

西方资本主义国家的政权原则是分权制，先把国家权力分为立法、行政、司法三权，这三项权力分别由三个不同的国家机关行使，在立法、行政、司法等部门之间建立一种互相制约平衡的关系。

例如，在实行议会内阁制的国家，内阁对议会负责，议会可以通过不信任投票迫使内阁辞职；另一方面，议会的立法案大都由内阁提出，内阁总理可以通过国家元首解散议会。

美国是体现分权原则的典型国家，立法权属于国会，行政权属于总统，司法权属于法院。国会有权要求总统陈述政策，有权批准总统缔结的条约，有权批准总统对行政官员和法官的任命，有权弹劾总统和最高法院的法官。

宪法还规定，总统对法律有公布权，并有权否决国会通过的法律。根据惯例，联邦最高法院有违宪审查权，并在案件诉讼中宣布国会通过的法律及总统发布的行政命令违宪。

在国家机构中实行分权制的目的，在于防止权力产生的腐败现象。他们认为，不受制约的权力必然产生腐败，要防止腐败现象，必须以权力制约权力。分权制有利于协调资产阶级内部的关系，统一本阶级的意志，维护本阶级的共同利益，避免权力过分集中在某个机关或某个人手里，防止政权蜕化为个人专制独裁，并能掩盖资产阶级对广大人民的专政。

我国的政权组织形式是民主集中制。这个原则是由巴黎公社所创建而为后来的社会主义政治制度具体化。它在理论上确认国家权力的不可分割性，在实践中以人民的代表机关作为统一行使国家权力的机关。

民主集中制原则并不排斥国家权力的各部门之间的分工，而是以代表人民的立法权为主导，其他国家机关如行政机关、审判机关、检察机关等，都由国家权力机关即人民代表大会产生，并对它负责，受它监督。

各国家机关都应当在宪法和法律明确规定的职权范围内活动，不能打乱权力分工关系。同时，民主集中制也不排斥平衡与制约，它是在国家权力机关统一和人民代表机关居于主导地位的前提下的平衡与制约。其他国家机关要对权力机关负责，并接受它的监督，这种监督与负责的关系就是制约与被制约的关系。

我国的权力制约关系不同于西方国家，它是一种单向制约关系，只存在权力机关对其他机关的制约，而不存在其他国家机关对权力机关的制约。权力机关在我国的国家机关体系中居于首位，其他机关不能与之平行并列，更不能跃居其上，因此，不能制约权力机关。

我国的权力制约关系，不仅存在于权力机关与行政审判机关、检察机关之间，也存在于其他国家机关之间，如公安机关、人民法院、人民检察院在刑事诉讼中，分工负责、互相配合、互相制约，就是一种权力分工和制约关系。

在法律面前人人平等

所有公民在法律面前平等的原则，是资产阶级在反对封建等级制度和封建贵族特权的斗争中提出来的。这一原则在资产阶级取得国家政权之后，被用法律的形式规定了下来。最早确认这一原则的是法国1789年的《人权宣言》。

《人权宣言》规定："法律对于所有的人，无论是施行保护和处罚都是一样的。在法律面前，所有的公民都是平等的。"以后，一些其他资本主义国家，也都在宪法中肯定了这一原则。在资本主义宪法中，这项原则的含义包括三个方面：

1. 公民在立法上平等；
2. 公民在适用法律上平等；
3. 公民在守法上平等。

一些资本主义国家还建立了保障权利平等的控诉制度，包括个人控诉、团体控诉和政党控诉。所谓个人控诉，即任何一个平等权利受到侵犯的公

民，都可以依照本国法律制度所公认的程序，向有关法院提出救济的要求。例如，在美国以及在加拿大等英联邦国家，公民有权对违反平等原则的立法和行政行为，要求法院加以审查。

在有关行政法规的案件中，如果某个公民的权利遭到了侵害，法国的行政法院、英国行政裁判所、美国独立管理机构有可能受理他的案件。

在资本主义国家里，一般的通例是团体不能为其成员的个人利益或集体利益抗辩。但"职工会"却是例外。在西方国家，职工会具有一种特殊的法律地位，它有权签订集体合同，并有权以劳工的名义进行诉讼的行为能力，这就是所谓的团体控诉。

第三种控诉为政党控诉。平等原则不仅涉及一般的团体，也涉及政治团体，如政党的利益，凡平等权利受到损害或破坏的政党，有权提出控诉。在美国和德国，平等保护原则被认为是"民主政治"不可缺少的因素，司法机关也要发挥它应有的保护作用。在德国，由于给予各政党补助金和广播电视节目时间的分配问题引起的诉讼，就是政党诉讼。

西方国家法律确认权利平等，同封建国家特权专制以及同法西斯国家独裁统治相比，确实是一种进步。但就权利平等的本质而论，仍然属于资本主义类型，它同资产阶级民主原则一样，都是资本主义经济关系在法律上的反映，是以事实上的不平等为前提的。富人与穷人之间、剥削者与被剥削者之间的根本对立，决定了西方国家权利平等的局限性和虚伪性。

我国宪法在"公民的基本权利和义务"一章中，首先明确规定了公民在法律面前一律平等，它的含义是指：

1. 我国公民不分民族、种族、性别、职业、家庭出身、宗教信仰、财产状况、居住期限，都一律平等地享有宪法和法律规定的权利，也都平等地履行宪法和法律规定的义务；

2. 公民的合法权益都一律平等地受到保护，对违法行为一律依法予以追究，决不允许任何违法犯罪分子逍遥法外；

3. 在法律面前，不允许任何公民享有法律以外的特权，任何人不得强迫公民承担法律以外的义务，不得使公民受到法律以外的处罚。

就广义而言，我国公民的平等权还包括民族平等、男女平等，它们和公民在法律面前一律平等既有联系，又有区别。民族平等和男女平等的含义更为广泛，不仅包括在法律面前一律平等，即不能因民族和性别的不同而获得法律以外的特权，也不能作为限制权利的借口使公民受到歧视；而且还包括经济、政治、社会、家庭等方面的平等。

刑 法

刑法的产生及其任务

在法律的家族中，恐怕没有比刑法更为古老的了。据史书记载，在我国早在公元前21世纪的夏朝，就曾"作禹刑"，便有"夏刑三千"；而在国外公元前18世纪巴比伦国家的《汉谟拉比法典》、公元前五世纪的罗马国家的《十二铜表法》、公元前2世纪出现的印度《摩奴法典》，更是以无可争辩的史实说明了刑法的悠久历史与巨大生命力。

大家已经知道，法律是随着私有制的产生而出现的，而刑法从它诞生的那天起，就担当起了维护统治阶级政权的重担。因此，打击犯罪、预防犯罪保障社会的安定团结，维护社会秩序（包括生产秩序、工作秩序、教学科研秩序和人民群众的生活秩序）就成为刑法的根本任务。

根据形式的不同，刑法可以分为广义刑法与狭义刑法。广义刑法，是指所有以国家名义颁布的规定犯罪与刑罚的法律规范，包括以下三种形式：

一是刑法典，指具有法典形式的刑法。在我国指《中华人民共和国刑法》。

二是单行刑法，即单行刑事法律，就是国家立法机关为了补充、修改刑法典而颁行的，在形式上独立于刑法典而在内容上又是专门规定犯罪与刑罚的法律规范文件。

三是附属刑法，即附属刑法规范，又称非刑事法律中的有关刑事责任条款，就是国家立法机关在所制定的非刑事法律中附加制定的有关犯罪与刑罚的刑事责任条款。如《中华人民共和国公司法》中规定犯罪和刑事责任的条款。

狭义刑法，则仅指一部综合系统的刑法典。

根据适用范围不同，刑法可以分为普通刑法与特别刑法。普通刑法，是指具有普遍适用性质的刑法。详言之，普通刑法原则上不论对什么人、什么事（犯罪），在什么时间、什么地域均可能适用。在该国领域内的任何人只要实施了犯罪行为，都适用该刑法规范。普通刑法的主要形式是刑法典，也可以表现为单行刑法或者附属刑法。

特别刑法，是指仅仅适用于特定人、特定时间、特定地点或者特定条件的刑法规范。例如，专门适用于军人的军事刑法、专门适用于特定时间的战时刑法以及专门适用于特定地区的戒严刑法等等。特别刑法在适用上优先于普通刑法，其表现为现行刑法典之外的单行刑法和附属刑法。

刑法的阶级性质是由国家的性质所决定的。在人类社会的发展历程中，一共出现了三种类型的剥削阶级国家和一种新型的社会主义国家，因此出现了四种类型的刑法，即奴隶制国家的刑法、封建制国家的刑法、资本主义国家的刑法和社会主义国家的刑法。

剥削阶级国家的刑法虽然在内容和形式上不尽相同，但都具有共同的阶级本质——都是维护生产资料私有制和反映剥削阶级意志的，都是镇压劳动人民的工具。我国刑法是社会主义国家的刑法，是广大劳动人民意志的体现，目的在于保卫社会主义政治制度和经济关系，保护广大劳动人民的根本利益，因而与剥削阶级国家刑法具有根本不同的阶级性质。

刑法的法律性质，是指刑法在法律体系中的地位及其特点。犯罪必然就是违法，但违法不一定就是犯罪。在违法行为中，只有严重违反刑法并且依法应受刑罚处罚的行为，才构成犯罪。因此，违反民法或者行政法的违法行为，当严重到国家需要动用刑罚加以制裁的时候，就超出了民法或者行政法的调整范围，而应当由刑法予以惩罚。

因此，刑法与其他法律部门中作为实体法的部门法（即民法、行政法）之间调整范围上的界限，正是违法与犯罪之间的界限。比如婚姻法保护依法登记成立的婚姻关系和一夫一妻的家庭关系，对一般的违法行为予以调整，但对于故意重婚的犯罪行为就无能为力了。刑法恰恰就是通过对诸如

刑法

XINGFA

重婚等严重违法行为予以刑罚处罚，来保障其他部门法在现实生活中的贯彻实施。刑法在法律体系中，是宪法统帅下的其他部门法贯彻实施的最后保障，是最后一道法网。没有刑法作最后保障，其他部门法或者宪法乃至整个法律体系，就会变成一纸空文。

刑法是现代国家法律体系中的一个重要的部门法，在与刑事诉讼法共同构成的刑事法律部门中，刑法是实体法。同民法、行政法、刑事诉讼法、民事诉讼法、行政诉讼法等其他部门法相比，刑法具有以下两个显著特点：

第一，刑法所保护的社会关系的范围十分广泛。法律是社会关系的调整器，任何法律都是以一定的社会关系为其调整对象的。例如民法调整的是平等法律主体之间的一定的人身关系和财产关系，即横向的社会关系；行政法调整的是不平等法律主体之间的行政关系，即纵向的社会关系。而刑法所保护的社会关系涉及横向的和纵向的社会关系，无论哪一方面的社会关系受到犯罪行为的侵犯，刑法都要用刑罚对犯罪行为予以惩罚。从抽象意义上讲，刑法所保护的社会关系的范围广泛，因为它不局限于纵向或者横向社会关系的哪一方面。

第二，刑法的强制性最为严厉。任何法都有强制性，这是法的共性；一切违法行为都应当受到法律制裁，这是法的一般原则。违反民法或者违反行政法，行为人所应承担的法律责任，无论是民事责任还是行政处罚，都只限于一定的财产权利或者人身权利被限制、暂时或者一部分被剥夺。但对违反刑法构成犯罪的人，所判处的刑罚不仅可以完全剥夺其人身自由、政治权利、财产权利，而且还可以剥夺其生命权。这种惩罚之严厉是其他部门法无法相比的。

刑法的性质决定了刑法的任务，刑法的任务又体现着刑法的性质。《中华人民共和国刑法》第二条规定："中华人民共和国刑法的任务，是用刑罚同一切犯罪行为作斗争，以保卫国家安全，保卫人民民主专政的政权和社会主义制度，保护国有财产和劳动群众集体所有财产，保护公民私人所有的财产，保护公民的人身权利、民主权利和其他权利，维护社会秩序、经济秩序，保障社会主义建设事业的顺利进行。"

刑法的特殊任务就是用刑罚同一切犯罪行为作斗争。具体地说，我国刑法的任务包括以下四个方面：

第一，运用刑罚同危害国家安全的犯罪作斗争，保卫国家安全，保卫人民民主专政的政权和社会主义制度。这是我国刑法的首要任务。

第二，运用刑罚同一切破坏社会主义市场经济秩序和侵犯财产的犯罪作斗争，保卫社会主义的经济基础。这是我国刑法的根本任务。

第三，运用刑罚同一切侵犯公民的人身权利、民主权利和其他权利的犯罪作斗争，保护人民群众的合法权益。这是我国刑法的重要任务。

第四，运用刑罚同一切破坏社会秩序的犯罪作斗争，保障社会主义建设事业的顺利进行。这是我国刑法的中心任务。

正确区别犯罪与违法

很多青少年朋友认为违法就是犯罪，犯罪就是违法。其实，犯罪和违法之间既有联系，又有区别。

违法是指一切违反国家的宪法、法律、法令、行政法规和行政规章的行为，其外延极为广泛。

一般认为，我国刑法中的犯罪构成，是指我国刑法所规定的说明一定行为构成犯罪所必须具备的主观与客观要件的总和。其特征如下：

第一，犯罪构成是说明一定行为成为犯罪所必需的各种要件的总和。不难理解，任何一种犯罪都可能有很多事实特征，但并不是每个事实特征都是说明行为构成犯罪所必需的。只有那些说明某一行为的社会危害程度足以构成犯罪必不可少的事实特征，才是犯罪要件，而这些要件的总和，我们就称之为犯罪构成。

比如，18 岁的王某夜间潜入刘某家中，偷走了刘的冰箱、彩电等。本案中，王某的行为有多种特征，但只有下述特征是其犯罪构成的特征：

1. 侵犯了私人所有的合法财产；

2. 采取了秘密窃取的方法；

3. 行为人达到了法定年龄；

4. 故意行窃；

5. 具有非法占有他人财产的目的，等等。

这些特征的总和已足以说明行为人的行为具备了严重的社会危害性

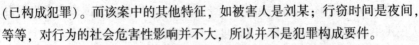

（已构成犯罪）。而该案中的其他特征，如被害人是刘某；行窃时间是夜间，等等，对行为的社会危害性影响并不大，所以并不是犯罪构成要件。

第二，犯罪构成是构成犯罪所必需的客观要件和主观要件的总和。这就是说，每一犯罪构成都是构成犯罪所必需的客观要件与主观要件的有机统一。如前例所列举的情况，必须把行为人偷窃的行为与偷窃的故意结合起来，才能认定是否犯罪。如果行为人虽有偷窃的行为（如在梦游中偷窃），但并无偷窃的故意，则不能认定其犯有盗窃罪。

第三，某一行为构成犯罪所必需的各种要件，是由我国刑法加以规定的我国刑法是以罪刑法定为基本原则的（法无明文规定不罚）。因此，某一犯罪必须具备什么要件才能成立，都由立法机关根据犯罪实际情况和我国的刑事政策在刑法中加以规定。所以，在用犯罪构成检测某一行为的犯罪要件时应当以刑法规定为准。

我国刑法学上一般认为，犯罪构成具有四个要件：

第一个要件是犯罪客体，即我国刑法保护的而为犯罪行为所侵犯的社会主义社会关系；

第二个要件是犯罪的客观方面，即我国刑法所规定的说明犯罪的外部活动的事实特征；它一般是指犯罪行为、危害结果、危害行为与危害结果之间的关系等；

第三个要件是犯罪主体，即达到法定责任年龄并且具有责任能力的实施犯罪行为的人；

第四个要件是犯罪的主观方面，即行为人对实施犯罪行为以及该行为所引起的危害结果的心理态度；它一般是指犯罪的故意与过失，在某些犯罪中还包括犯罪的目的。

这里应当指出，只有当犯罪构成的四个方面要件同时得到满足时，才能认定犯罪成立，否则不构成犯罪。

综上可见，违法并非犯罪，犯罪行为必然是违法，二者既有联系又有区别，而根本的区别就在于行为的社会危害性的情节和程度不同。

❤ 故意犯罪与过失犯罪

犯罪行为之所以为刑法所禁止，犯罪人之所以会受到刑事追诉，是因

为犯罪行为具有极大的社会危害性以及犯罪人具有严重的主观恶性。犯罪人的主观恶性是怎样表现出来的呢？对此，我们可以通过分析犯罪人的故意与过失来加以检测。

根据我国刑法第十四条的规定，故意是指明知自己的行为会发生危害社会的结果，并且希望或者放任这种结果发生的心理态度。在理论上，故意可分为两种：

第一种是直接故意，即行为人明知自己的行为会产生危害社会的后果，并且希望这种结果发生。例如，张某与李某有仇，一日张某乘李某不备，用木棍狠击其头部、太阳穴，致李某当场死亡。

张某在本案中的行为就是直接故意。因为他预见到自己的行为必然造成乙的伤亡，却追求这种结果发生。由此可以看出，直接故意有两个特征：一是明知自己的行为会产生危害后果；二是希望（追求）这种危害后果发生。

第二种是间接故意，即明知自己的行为会发生危害社会的结果，并且有意放任这种结果的发生。例如，谢某想毒死其夫，便在其夫陈某的杯中放了剧毒药品，她也曾想到其幼子可能拿其夫的杯子喝水，但她听之任之，后来果然将其幼子毒死。

本案情形告诉我们，间接故意的特征在于：有意放任，无意防止；即行为人已经预料到自己的行为可能导致危害社会的后果，但他采取任其发展，漠然处之的态度，危害结果发生与否，均不违背他的主观心愿。

关于过失，我国刑法第十五条做了规定。所谓过失，是指应当预见自己的行为可能发生危害社会的后果，因为疏忽大意而没有预见，或者已经预见而轻信能够避免，以致发生危害结果的心理态度。过失也分为两种：

第一种是疏忽大意过失，即行为人应当预见自己的行为可能发生危害结果因为疏忽大意而没有预见，以致发生了危害后果。例如，赵某住在临街的大楼上，某日，他把两个啤酒瓶从临街的窗口扔出，正好砸在行人丁某的头上，致其严重脑震荡。

本案中，赵某的行为就是典型的疏忽大意过失。因为他住在临街的楼上，他理应知道街上过往行人一定很多，而从高楼上往下扔酒瓶是可能致人伤亡的。由此可以看出，疏忽大意的过失有两个特点：

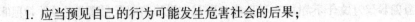

1. 应当预见自己的行为可能发生危害社会的后果；

2. 没有预见危害社会的结果。

第二种是过于自信的过失，即行为人预见自己的行为可能产生危害社会的结果，但轻信能够避免，以致发生了这种结果。这种过失心理特点是：行为人只是预见到自己行为可能产生危害结果，而不是必然产生危害结果；轻信能够避免危害结果发生。

这里所说的轻信，常常是指行为人自恃技术熟练，或者其他有利因素，并依此相信自己不会发生危害后果。例如，孙某一日外出河边运货。因为刚下过小雨，通往河边的坡道很滑。孙某装好板车后便照常大步由堤上往河边拉货装船。这时有人提醒他："路上很滑，将车上的货卸点下来，以免车到半路把握不住，会出事故。"

但孙某自恃身强力壮、技术熟练，说："我拉了半辈子也没啥事，今天怕什么？"结果，由于路滑，且车上装货又多，孙某拉车到半坡时已控制不住板车，致使板车在猛滑下坡时将顺坡往上走的钱某撞断双腿。本案中，孙某的行为就是过于自信过失。

根据我国刑法规定，故意犯罪的，要承担刑事责任；而追究过失行为的刑事责任，仅限于刑法有明确规定的几种情况。

❤ 犯罪既遂与刑事责任

犯罪既遂，是指行为人故意实施的行为已经具备刑法分则规定的构成某种具体犯罪的全部要件。犯罪既遂是唯一的犯罪完成形态。

从犯罪构成理论的角度看，犯罪是犯罪主体实施的刑法所禁止的危害社会的行为。从犯罪的主观方面可以把犯罪分为故意犯罪和过失犯罪。直接故意犯罪的完整过程，一般包括犯意形成、犯罪准备、犯罪实行和犯罪完成几个阶段。

由于犯罪意念属于思想范畴，既不是法律调整的对象，更不是犯罪行为，因而不可能形成一个犯罪形态。因此，直接故意犯罪过程，是指从犯罪准备开始到犯罪完成的特定期间，包括犯罪的准备阶段和实行阶段。在直接故意犯罪过程中，犯罪分子既有可能完成某一犯罪构成的全部要件，

法律知识一本通
FALV ZHISHI YIBENTONG

构成犯罪既遂；也有可能在为实施犯罪而准备工具、制造条件的准备阶段被迫停止犯罪，构成犯罪预备；也有可能在着手实行犯罪后，由于犯罪分子意志以外的原因致使犯罪未完成，构成犯罪未遂；还有可能由于犯罪分子自动放弃犯罪或者自动有效地防止犯罪结果发生，构成犯罪中止。

所以，直接故意犯罪过程中的犯罪形态，可以分为犯罪既遂、犯罪预备、犯罪未遂、犯罪中止。犯罪形态可以分为完成形态和未完成形态两类。完成形态只有犯罪既遂一种。未完成形态包括犯罪预备、犯罪未遂、犯罪中止三种。

犯罪既遂表现为某种犯罪全部构成要件的完全具备。刑法分则规定的各种具体犯罪的构成要件，都是以犯罪既遂为标准的。因此，我国刑法总则对犯罪既遂没有作特别的规定，而只是对未完成的犯罪形态作了规定，这些未完成的犯罪形态，就是故意犯罪的停止形态，包括犯罪预备、犯罪未遂和犯罪中止。

根据我国刑法分则对具体犯罪构成要件的不同规定，构成犯罪既遂的具体犯罪一般分为行为犯、危险犯、结果犯等几种。

行为犯即以危害行为的实施或者完成作为犯罪既遂标准的犯罪。对于行为犯而言，只要犯罪主体实施了刑法分则规定的特定的危害行为，就构成某种具体犯罪，而且是犯罪既遂。例如《刑法》第二百四十三条规定的诬告陷害罪，只要行为人出于使他人受刑事追究的目的，捏造犯罪事实并且向司法机关作虚假的告发，这种危害行为一经实施，无论被诬陷者是否实际受到刑事追究，都构成诬告陷害罪，而且是犯罪既遂。

危险犯即以危害行为造成发生某种犯罪结果的危险状态为犯罪既遂标准的犯罪。对于危险犯而言，犯罪主体不仅要实施刑法分则规定的特定的危害行为，而且要具有发生特定危害结果的危险，就构成某种具体犯罪的犯罪既遂。

所谓危险，是指危害行为所引起的发生特定危害结果的可能性。例如《刑法》第一百一十六条规定的破坏交通工具罪和第一百一十七条规定的破坏交通设备罪，当行为人针对特定的犯罪对象实施了破坏行为并且有发生使特定的交通工具有发生倾覆、毁坏危险的，就构成破坏交通工具罪或者破坏交通设备罪，而且是犯罪既遂。

结果犯即以危害行为实际造成某种危害结果发生为犯罪既遂标准的犯罪。对于结果犯而言，犯罪主体不但要实施刑法分则规定的特定的危害行为，而且只有实际发生了特定危害结果，才构成某种犯罪的犯罪既遂。我国刑法规定的绝大多数犯罪，都属于结果犯，例如故意杀人罪、强奸罪等等，都是在实际发生法定的危害结果后，才可能构成这些犯罪的犯罪既遂。

另外，刑法理论上还有一个重要的概念，这就是结果加重犯。所谓结果加重犯，是指犯罪主体的危害行为已经构成了某种具体犯罪，又发生了犯罪构成要件以外的危害结果，刑法另外规定一个较重的法定刑的情况。

由于结果加重犯并不是犯罪既遂对犯罪构成要件所作的要求，而是适用刑法分则不同条款规定的法定刑的量刑条件，所以并不是犯罪既遂的另外一种形态，不能把它与行为犯、危险犯、结果犯相提并论，等同看待。例如根据《刑法》第二百三十四条第一款的规定，犯故意伤害他人身体罪的，处三年以下有期徒刑、拘役或者管制。而根据第二款的规定，犯故意伤害罪，致人重伤的，处三年以上十年以下有期徒刑；致人死亡或者以特别残忍手段致人重伤造成严重残疾的，处十年以上有期徒刑、无期徒刑或者死刑。在这里，犯故意伤害罪，致人重伤或者死亡等结果发生，就要适用第二款规定的加重法定刑，就是典型的结果加重犯。但是罪名还是故意伤害罪。

构成犯罪既遂的犯罪主体，是既遂犯。因为刑法分则所规定的各种具体犯罪是以犯罪既遂为标准的，所以对于既遂犯，应当直接根据刑法分则的有关条文定罪判刑。

犯罪预备与犯罪中止

我国《刑法》第二十二条第一款规定："为了犯罪，准备工具、制造条件的，是犯罪预备。"所谓犯罪预备，是指为了顺利实行并完成犯罪而准备犯罪工具或者创造其他便利条件的行为。

犯罪预备具有以下几个特征：

第一，行为目的是为了顺利地实施犯罪。犯罪预备是整个犯罪过程中的准备阶段发生的准备活动，行为人实施犯罪预备的目的，就是为了在实行阶段能够顺利地实行并且完成犯罪，达到犯罪既遂。这里行为目的包括两个方面：一是为了便于着手实行犯罪；二是为了利于顺利完成犯罪。

第二，行为内容是准备犯罪工具以及为犯罪创造其他条件，作为犯罪准备阶段上的一种犯罪形态，犯罪预备就是为实行和完成犯罪创造便利条件的行为，其内容无非是实践中常见的准备犯罪工具，或者是其他为实行和完成犯罪创造便利条件。例如，在故意杀人犯罪案件中，犯罪预备既可以表现为准备犯罪工具，如准备毒药或者刀枪等；也可以表现为调查被害人的行踪、勘察地形、邀请帮手，等等。

第三，行为特征是由于行为人意志以外的原因被迫停止在犯罪准备阶段。犯罪预备之所以没有完成犯罪，构成犯罪既遂，并不是犯罪分子自己主动停止犯罪、彻底放弃犯罪意念，而是由于犯罪分子意志以外的原因造成的。没有开始实施犯罪而停止在犯罪的准备阶段，是完全违背行为人的主观意愿的。因此，在为顺利实施犯罪而准备犯罪工具或者创造其他条件的过程中，被迫停止犯罪，才是犯罪预备。

根据《刑法》第二十二条第二款规定："对于预备犯，可以比照既遂犯从轻、减轻处罚或者免除处罚。"正是由于犯罪预备虽然没有对刑法所保护的社会关系造成实际损害，但是它不同于犯意表示，已经对犯罪客体构成了威胁，具有社会危害性，因而应当承担刑事责任。

不过，与犯罪既遂相比较，其社会危害性要小得多，依照罪刑相适应的基本原则的要求，行为人所应承担的刑事责任一般也应当要比既遂犯轻一些。所以，对于预备犯，可以从轻、减轻处罚或者免除处罚。

所谓犯罪中止，是指在犯罪过程中，自动放弃犯罪或者自动有效地防止犯罪结果发生的形态。《刑法》第二十四条第一款规定："在犯罪过程中，自动放弃犯罪或者自动有效地防止犯罪结果发生的，是犯罪中止。"

犯罪中止，具有以下几个特征：

第一，必须发生在犯罪既遂之前的犯罪预备阶段或实行阶段。这就意味着犯罪中止只能发生在犯罪过程中，不是在准备阶段发生，就是发生在实行阶段。因此，如果犯罪分子已经完成了刑法规定的构成犯罪的全部构成要件，就是犯罪既遂，不可能是犯罪中止了。例如，已经盗窃了数额较大的公私财物，即使犯罪分子悔悟了，主动退还赃款赃物给被害人，也不是犯罪中止，而是犯罪既遂。

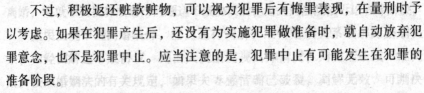

不过，积极返还赃款赃物，可以视为犯罪后有悔罪表现，在量刑时予以考虑。如果在犯罪产生后，还没有为实施犯罪做准备时，就自动放弃犯罪意念，也不是犯罪中止。应当注意的是，犯罪中止有可能发生在犯罪的准备阶段。

第二，必须自动放弃犯罪或者自动有效地防止犯罪结果的发生。犯罪分子在自己认为能够完成犯罪的情况下，自愿放弃犯罪意念，自动停止犯罪行为的实施或者自动有效地防止犯罪结果的发生。这是犯罪中止区别于犯罪未遂的本质特征。至于自动放弃犯罪的原因是多种多样的，比如真诚悔悟、良心发现、害怕惩罚等等，但无论哪种原因，只要犯罪分子是出于本意自动停止犯罪或者自动有效地防止犯罪结果的实际发生，就是犯罪中止。

但是，如果是因为认识到当时不可能把犯罪进行到底，或者认为实施犯罪的时机并不成熟，犯罪分子才停止了犯罪的，就不是犯罪中止，而是犯罪未遂。如果客观上犯罪是能够进行到底的，而犯罪分子发生错误认识，误以为犯罪不可能进行到底，从而停止了犯罪的，也不是犯罪中止，而是犯罪未遂。比如犯罪分子将被害妇女按倒在地，正要实施强奸时，以为被人发现而仓皇逃跑，就是犯罪未遂，而不是犯罪中止。

第三，必须是有效地防止了犯罪结果的发生。在典型的犯罪中止形态中，由于危害行为未实行终了，犯罪分子只要客观上自动停止继续犯罪活动，就能防止犯罪结果的实际发生，从而成立犯罪中止。这里所讲的有效地防止了犯罪结果的发生，特指在特殊的犯罪中止形态中，犯罪行为已经实行终了，犯罪结果尚未发生之前，犯罪分子积极采取措施并且确实避免了犯罪结果实际发生的情况。如果犯罪分子虽然采取了积极措施，但犯罪结果还是发生了，就不是犯罪中止，而是犯罪既遂。

犯罪中止属于犯罪未完成的形态。犯罪分子主观上具有犯罪的故意，客观上已有了危害社会的行为，因此，对于中止犯应当追究其刑事责任。由于犯罪中止是犯罪分子自动地放弃了犯罪，行为人的主观恶性已经不复存在，客观上也没有造成犯罪结果的实际发生，其社会危害性比犯罪既遂和犯罪未遂都要小，而且发生在犯罪准备阶段的犯罪中止，甚至比犯罪预备的社会危害性还要小，因此，对中止犯的处罚应当比对既遂犯、未遂犯和预备犯的处罚要轻。

根据《刑法》第二十四条第二款的规定，对于中止犯，应当分别两种情况予以处罚："没有造成损害的，应当免除处罚"；"造成损害的，应当减轻处罚"。

犯罪未遂与刑事责任

我国《刑法》第二十三条第一款规定："已经着手实行犯罪，由于犯罪分子意志以外的原因而未得逞的，是犯罪未遂。"所谓犯罪未遂，是指已经着手实行犯罪，由于犯罪分子意志以外的原因而未完成犯罪的行为。犯罪未遂是一种犯罪未完成的形态，发生在犯罪分子着手实行犯罪以后、犯罪完成之前的犯罪过程中。

犯罪未遂具有以下几个特征：

第一，已经着手实施犯罪。犯罪未遂区别于犯罪预备的关键，就是犯罪分子已经着手实施犯罪。所谓着手实施犯罪，是指行为人已经开始实行刑法分则条文规定的作为某种犯罪构成要件的危害行为。例如故意杀人罪的着手，就是开始实施非法剥夺他人生命的行为；强奸罪的着手，就是开始使用暴力、胁迫等手段，意图实现强行与妇女发生性关系的行为。

"着手"是实行犯罪构成客观要件中危害行为的起点，是实行行为内容的一部分，已经可以直接造成犯罪结果的发生。它标志着犯罪行为已经开始进入了实行阶段，准备阶段已经结束。因而，它是犯罪未遂与犯罪预备的根本性区别。

第二，犯罪未得逞。所谓犯罪未得逞，是指犯罪未完成，即没有具备刑法分则规定的某一犯罪的全部构成要件，而不是指犯罪目的没有实现或者犯罪结果没有发生。例如，以犯罪结果的发生为构成要件的犯罪（结果犯），该结果发生了即为犯罪既遂，反之则为未得逞；以犯罪行为完成为构成要件的犯罪（行为犯），完成了该行为即为犯罪既遂，反之则为未得逞；以某种危险状态作为构成要件的犯罪（危险犯），行为的实施出现了这种危险状态即为犯罪既遂，反之则为未得逞。因此，犯罪未得逞就是未完成犯罪，就是没有达到犯罪既遂所需要的全部构成要件。这是犯罪未遂区别于犯罪既遂的关键。

第三，犯罪未得逞，是由于犯罪分子意志以外的原因所谓犯罪分子意志以外的原因，是指与犯罪分子意愿相违背的原因。犯罪分子的本意是将犯罪进行到底，进而完成犯罪，但由于出现了犯罪分子意想不到的某些原因，使其被迫停止犯罪，从而使其行为没有具备刑法所要求的构成某种犯罪应当具备的全部构成要件。

犯罪分子意志以外的原因一般包括以下几种情况：

第一，犯罪分子本人以外的客观原因，如自然力的阻碍、被害人的反抗、第三者的出现或制止。

第二，犯罪分子自身的客观原因，如体力不支、突发疾病或者技术低劣等。

第三，犯罪分子自身的主观原因，即发生认识上的错误，如把动物误以为是被害人而予加害、误认白糖为砒霜去投放等。

犯罪没有完成是由于犯罪分子意志以外的原因，犯罪被迫停止在犯罪既遂之前，这是犯罪未遂区别于犯罪中止的关键。如果犯罪没有完成，是由于犯罪分子自动放弃犯罪意念，主动停止犯罪行为或者有效地防止犯罪结果发生，那么就是犯罪中止，而不是犯罪未遂。

犯罪未遂属于未完成的犯罪形态，与作为犯罪完成形态的犯罪既遂相比，其社会危害性往往要小，但行为人毕竟已开始实施了犯罪构成要件的危害行为，并可能或者已经造成了一定的危害结果。

所以，对于未遂犯应当予以刑罚处罚。犯罪未遂和犯罪预备都属于未完成的犯罪形态，但与犯罪预备相比，犯罪未遂的社会危害性要大。因此，对未遂犯的处罚原则就是比既遂犯要轻、比预备犯要重。因此，《刑法》第二十三条第二款规定："对于未遂犯，可以比照既遂犯从轻或者减轻处罚。"

♥ 刑事责任年龄与能力

一个刚刚年满13周岁的张某放火烧毁了价值百万元的棉花仓库；精神病患者李某用刀砍伤了别人。但是，司法机关却并没有对张某与李某追究

刑事责任。这是为什么呢?

因为,根据我国刑法规定,并不是任何人的严重危害社会的行为都是犯罪,只有当实施危害行为的人达到了法定年龄,并且具有责任能力时,他的行为才构成犯罪,始可追究刑事责任。前述两个案例中的张某与李某之所以没有被追究刑事责任,正是因为他们不具备刑事责任年龄与刑事责任能力。

那么,我国刑法对刑事责任年龄与刑事责任能力是如何规定的呢?《刑法》第十七条对此做了明确规定。在责任年龄的规定上,我国刑法规定了四点:

第一,已满16岁的人犯罪,应当负刑事责任。因为年满16岁的人智力与体力均已有相当发展,并已趋成熟,他们应该具有辨认和控制自己行为的能力,因而对自己所实施的犯罪行为应该负全部刑事责任。

第二,已满14岁不满16岁的人,犯故意杀人、故意伤害致人重伤或者死亡、强奸、抢劫、贩卖毒品、放火、爆炸、投毒罪的,应当负刑事责任。因为,这一年龄段的人虽然同成年人相比在认识能力和控制能力方面还有一定差距,但他们已经具备相当的认识与控制能力,因此,国家要求他们对自己的某些严重危害社会的行为负责,这是科学的、合理的。

第三,已满14岁,但不满18岁的人犯罪,应当从轻或减轻处罚。这是因为,这一年龄段的人虽然有一定认识和控制自己行为的能力,但他们毕竟尚未成年,他们的心理和情感还较脆弱,为了更好地教育和挽救他们,我国刑法才有这一规定。

第四,因不满16周岁不予刑事处罚的,责令他的家长或者监护人加以管教;在必要的时候,也可由政府收容教养。

关于责任能力,又称刑事责任能力,是指一个人辨认和控制自己行为的能力。责任能力与责任年龄密不可分。世界各国的通常做法是:当一个人到了一定年龄,如果他不存在某种医学上或心理学上的特殊情况(如患有精神病等),法律上便推定他具有了责任能力。拿我国刑法规定的情况来说吧,只要一个理智健全的人,满了16岁,他就被认定为具备了完全责任能力。

应当指出,对于那些不具备刑事责任年龄或责任能力的人所实施的危害行为不追究刑事责任，并不意味着对他们可以放任不管。根据我国有关法律规定，对这类人员所实施的危害行为一般是以非刑罚的方法加以管束，如责令其监护人严加管教、收容教养，等等。

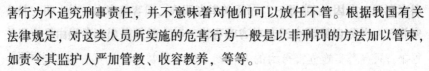

正当防卫与紧急避险

差不多所有的动物都有一种自卫的本能，当它们受到攻击时，它们会以各种不同的方法来保护自己。而身为万物之灵的人类，当然远比一般动物聪明，为了有效保护自己和社会的利益，早在远古时代，那些不成熟的法律里就有了有关正当防卫的规定。这就把一般的自卫上升到了一种法定权利的高度，从而使人类能够生活得更有保障。

所谓正当防卫，是指为了保护合法利益，用给不法侵害人造成必要损害的方法，制止其正在进行的不法侵害的行为。我国《刑法》第二十条第一款规定："为了使国家、公共利益、本人或者他人的人身、财产和其他权利免受正在进行的不法侵害，而采取的制止不法侵害的行为，对不法侵害人造成损害的，属于正当防卫，不负刑事责任。"

正当防卫是刑法赋予每个公民的一项合法权利。在不法侵害正在进行的场合，无论被害人还是其他公民，都有实施正当防卫的权利。

我国刑法规定正当防卫制度的意义在于：第一，鼓励和支持人们积极同违法犯罪行为作斗争，这正是我国刑法赋予每个公民正当防卫权利的主要目的。

第二，起到制止和预防犯罪的作用，这是我国刑法规定正当防卫制度的根本目的。

第三，有助于进行舍己为人、见义勇为等共产主义道德教育，树立良好的社会风气，这是我国刑法确立正当防卫制度的最终目的。

根据《刑法》第二十条的有关规定，正当防卫必须具备五个基本条件。

第一个基本条件是目的必须是为了保护合法利益。正当防卫之所以是正当的合法行为，有别于犯罪行为，依法不负刑事责任，首先在于它的目的不是危害社会，而是为了保护国家、公共利益、本人或者他人的人身、财产和其他权利，即目的正当性。如果不是为了保护合法利益，就根本谈不上正当防卫。因此，相互斗殴和防卫挑拨，都不是正当防卫。

所谓防卫挑拨，是指为了实施犯罪，故意挑逗对方侵害自己，然后以防卫作借口，加害对方的行为。防卫挑拨实质上是假借正当防卫的名义来实施的不法侵害行为，因而不是正当防卫，构成犯罪的，属于故意犯罪。

第二个基本条件是要有不法侵害行为的实际发生。所谓不法侵害，是指对法律所保护的国家、公共利益、本人或者他人合法利益的侵害。不法侵害不仅包括犯罪行为，而且也包括某些一般违法行为。

要有不法侵害行为的实际发生，这是正当防卫的前提条件，这也正是防卫的必要性的体现。它要求不法侵害必须是客观实际发生的，而不是行为人主观想象的。

对客观上并未发生而是行为人主观想象的不法侵害实施防卫，造成他人伤亡的行为，是假想防卫。假想防卫不是正当防卫，应当分别根据不同情况予以处理：

如果行为人对损害结果的发生，主观上具有疏忽大意或者过于自信的过失，构成犯罪的，以过失犯罪论处。

如果行为人对损害结果的发生，主观上不存在过失，而是由于不能预见的原因引起的，属于意外事件，依法不负刑事责任。

第三个基本条件是不法侵害行为必须是正在进行的。所谓正在进行，是指不法侵害行为已经开始并且尚未结束，处于一种持续或者进行的状态。这是对正当防卫在时间上的要求。它要求正当防卫必须适时，即正当防卫的实施必须针对现时发生的不法侵害行为，不能对尚未开始或者已经结束的不法侵害行为进行防卫。

第四个基本条件是必须针对不法侵害行为人本人实施。每个人应当、也只能对自己的行为负责。不法侵害行为人是不法侵害行为的实施者，他的不法侵害行为才使刑法所保护的社会关系遭受到实际而紧迫的威胁，使合法利益可能即将受到危害。只有对不法侵害行为人本人实施防卫，才能真正起到制止不法侵害的作用，达到保护合法利益的目的，因此，只有针对不法侵害行为人本人实施的防卫行为，才能是正当防卫。

第五个基本条件是防卫行为不能明显超出必要限度造成重大损害。正当防卫是通过对不法侵害人的人身造成一定损害的方法，来制止不法侵害

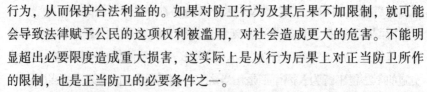

行为，从而保护合法利益的。如果对防卫行为及其后果不加限制，就可能会导致法律赋予公民的这项权利被滥用，对社会造成更大的危害。不能明显超出必要限度造成重大损害，这实际上是从行为后果上对正当防卫所作的限制，也是正当防卫的必要条件之一。

对所谓必要限度，法律上并没有明确的规定，刑法理论上一直有"必要说"和"相适应说"的争论，较为合理的是"折中说"，即在坚持防卫行为必须是制止不法侵害行为所必需的前提下，又强调对不法侵害行为人不能造成不应有的重大损害。在实践中，既不能简单地要求防卫人采取防卫行为时，只能枪对枪、刀对刀、拳脚对拳脚，也不能允许防卫人不计后果地进行防卫。但是，从保护防卫人的角度，我国刑法规定，只要防卫行为没有明显超出必要限度造成重大损害，就应当认为属于正当防卫，依法不负刑事责任。

所谓防卫过当，是指防卫行为明显超出必要限度造成重大损害的行为。在这里，"明显超出必要限度"和"造成重大损害"是两个并列又密切联系的特征，对于一般性超出必要限度的防卫行为以及没有造成重大损害结果的防卫行为，就都不能认为是防卫过当。只有防卫行为既明显超出必要限度又造成了重大损害结果的，才能认定为防卫过当。

根据《刑法》第二十条第二款规定，"正当防卫明显超过必要限度造成重大损害的，应当负刑事责任，但是应当减轻或者免除处罚。"这是因为防卫过当与不法侵害行为不同，不是以危害社会为目的，恰恰相反，其目的在于制止不法侵害和保护合法利益，只是在行为方法和后果上明显超出了必要限度造成了重大损害。因而，我国刑法将防卫过当规定为应当减轻或者免除处罚的量刑情节，是恰当的，完全符合罪刑相适应的基本原则的要求。

所谓紧急避险，是指为了使国家、公共利益、本人或者他人的人身、财产和其他权利免受正在发生的危险，不得已而采取的损害另一个较小的合法利益的行为。

我国《刑法》第二十一条规定："为了使国家、公共利益、本人或者他人的人身、财产和其他权利免受正在发生的危险，不得已采取的紧急避险行为，造成损害的，不负刑事责任。"第三款规定："关于避免本人危险的规定，不适用于职务上、业务上负有特定责任的人。"紧急避险和正当防卫，在刑法理论上被称为"排除社会危害性行为"，与犯罪行为有着本质的区别，依法都不负刑事责任。

由于紧急避险通过损害一个较小的合法利益来保护更大的合法利益，因而紧急避险必须符合下列条件才能成立：

第一，目的必须是为了保护合法利益。

第二，必须有实际危险的发生。

第三，必须是正在发生的危险。

第四，必须是在不得已的情况下实施。

第五，不能超出必要限度造成不应有的损害。

紧急避险，要求所保护的合法权益必须大于所损害的合法权益。在各种权利中，一般来说，人身权高于财产权，生命权高于其他人身权。

避险行为超出了必要限度造成了不应有的损害，即所损害的合法权益大于所保护的合法权益的，就是避险过当。

正当防卫与紧急避险的区别在于以下四个方面：

第一，危害的来源不同。正当防卫的危害来源只能是不法侵害行为，紧急避险的危险来源既包括不法侵害行为，也包括动物的侵袭和自然灾害等不可抗力。

第二，行为的对象不同。正当防卫只能针对不法侵害行为人本人实施，不得加害第三人；紧急避险恰恰相反，就是针对第三人实施的。

第三，行为的状态要求不同。正当防卫是鼓励防卫人积极实施防卫；紧急避险则要求避险人只能在迫不得已的情况下才能实施避险。

第四，必要限度的标准不同。正当防卫允许防卫行为的后果等于或者大于不法侵害行为可能造成的危害结果，只要没有明显超出必要限度造成重大损害的，就不认为是防卫过当；紧急避险则严格要求避险行为所损害的合法权益只能小于所保护的合法权益，避险行为的后果不能等于正在发生的危险可能造成的损害结果，更不能大于正在发生的危险可能造成的损害结果，否则，就属于避险过当。

根据《刑法》第二十一条的规定，"紧急避险超过必要限度造成不应有的损害的，应当负刑事责任，但是应当减轻或者免除处罚。"

刑法

XINGFA

民 法

民法与它的调整对象

1799 年雾月 18 日，拿破仑发动政变，在法国建立了大资产阶级专政的政权。拿破仑作为共和国的第一执政，非常重视用法律制度巩固革命的胜利成果，更特别重视民法典的起草工作。据资料记载，法国民法典在三年零七个月的起草过程中，共召开了 102 次会议，拿破仑亲自主持的会议在半数以上，亲自参加的会议次数就更多了。当时，拿破仑想使法国民法典成为仅次于圣经的一本书，企图人手一册，人人按法律办事。

1804 年，这部法典正式公布了，条文达 2283 条，分 3 卷、35 编、126 章。与此同时，胜利的法国资产阶级企图用武力征服世界，其军队在拿破仑统领下先后征服了欧洲的一些国家和地区，法国民法典也随同扩大了地域效力，适用于这些国家和地区，如比利时、卢森堡、意大利及德国的西部和西南部。

后来，滑铁卢一战导致军事扩张失败，复辟的法国波旁王朝推翻了拿破仑政权。但是，《法国民法典》并没有因军事失败而失效，相反，它仍适用于法国及欧洲的某些地区，而且许多新生的资本主义国家，先后效法法国民法典制定了本国的民法，就是后来建立的许多社会主义国家，包括我国，其民法也无不受法国民法典的影响。可以说，拿破仑没有用武力征服世界，但他主持制定的民法典却征服了世界。此点，拿破仑自己曾不无感触地说过："我的光荣不在于打胜了 40 多个战役，滑铁卢会摧毁这么多的胜利……但不会被任何东西摧毁的，会永远存在的，是我的民法典。"

当然，拿破仑的话有些言过其实，他的法典不会永远存在，因为法律是阶级社会的现象，他的法典只不过存在于资本主义时期，其影响也不会超出阶级社会。但以他的法典为开端，存在于资本主义各国的民法和社会主义国家的民法都是会长期存在的，在资本主义社会，民法仍被当作仅次于圣经的法律，被视为法律之基石，在社会主义社会，虽然许多人不相信什么西方宗教信仰中的圣经，但将民法视作圣经仍然不会错，民法仍是法律中最重要的法律，民法和每个人的利益及日常的许多活动相关，是人人均应通晓的经典。

那么，什么是民法呢？我国从民法调整对象的角度对民法进行定义。我国《民法通则》受前苏联立法的影响，对民法的定义也是从其调整关系的角度进行，即认为民法"调整平等主体的公民之间、法人之间、公民和法人之间的财产关系和人身关系的法律规范的总称"。

从民法的定义中，我们可以看出，民法的调整对象主要分为财产关系和人身关系。财产关系是指以财产为媒介而发生的社会关系。

民法所调整的财产关系既包括生产经营性的财产关系，也包括非生产经营性（消费性）的财产关系；既包括商品性的财产关系，也包括非商品性（例如财产继承）的财产关系；既包括有偿的财产关系，也包括无偿（如无偿保管、赠与）的财产关系；既包括物质财富的生产、集合、分配和消费过程中的财产关系，也包括招神财富的创作、利用、传播和转让过程中的财产关系（如知识产权）；既包括由于特定的身份关系和人格而产生的财产关系，也包括与人身关系无关的财产关系；既包括由于权利的取得和行使而产生的财产关系，也包括由于权利受到侵犯而产生的财产关系（如赔偿损失、返还财产、支付违约金、修理、重作等）；既包括静态的财产关系（财产支配关系），也包括动态的财产关系（财产流转关系）。

人身关系是指以人格和身份为媒介而发生的公会关系，其中"人"指人格，"身"指身份。人格关系是因人的姓名、生命、健康、婚姻自主、肖像、名誉、荣誉等权利而发生的社会关系，这些关系中所包含的权利是人生存和发展的必要条件。身份关系是因配偶、亲属等身份而发生的社会关系。身份关系中所包含的权利是维系家庭存续发展的必要。

民法

MINFA

财产关系是因财产而发生的人与人之间的社会关系，人身关系是因人格和身份而发生的社会关系，为何民法将二者集合到一起共同作为民法的调整对象呢？其原因在于，二者都具有平等的属性。这种平等的属性必然导致主体的平等。主体的平等即主体互不隶属，同处于平等地位。

关于民法调整的方法，主要分为事前调整和事后调整。事前调整就是塑造社会关系为法律关系，使其符合立法者意志的方向发展，形成一种理想的秩序。事后调整是通过适用民事责任使被破坏的法律关系恢复圆满状态。

自然人民事权利能力

民法上的"人"区分为自然人和法人，自然人是指基于自然生理规律出生、依法享有民事权利和承担民事义务的个体。自然人包括本国自然人、外国自然人和无国籍自然人。

自然人在公法领域中，以本国公民、外国公民和无国籍人的面目出现。"公民"和"自然人"是两个近似、但并非同义语的概念。自然人的外延比公民的外延宽，应该说，在民法领域，使用自然人的概念不仅更确切，而且也反映了民法的私法性。

自然人自从出生的那一刻起，就依法享有民事权利能力。民事权利能力，是指能够享有民事权利和承担民事义务的法律资格。我国《民法通则》第九条规定："公民从出生时起到死亡时止，具有民事权利能力，依法享有民事权利，承担民事义务。"

关于自然人民事权利能力的开始，大部分国家的民法都规定为"从自然人出生时开始"。关于自然人"出生"的认定，学说上存在着"阵痛说"、"露出说"、"断脐说"、"初啼说"、"独立呼吸说"等各种观点。很多国家都要求制作出生证书和身份证书，以证明出生。我国《最高人民法院关于贯彻执行（民法通则）若干意见》第一条规定："公民的民事权利能力自出生时开始。出生的时间以户籍证明为准；没有户籍证明的，以医院出具的出生证明为准。没有出生证明的，参照其他有关证明认定。"

自然人的民事权利能力终止的时间一般以自然人死亡的时间为准。自

然人死亡分为自然死亡和宣告死亡。

自然死亡，是指基于自然生理规律而发生的生命的终结。虽然关于自然人死亡的时间界限，理论上形成了脉搏停止说、呼吸停止说、心跳停止说、大脑活动停止说，但一般以医学上确定的时间为准。

与出生登记一样，很多国家建立了死亡登记制度，以死亡证书或身份证书的记载作为判断死亡的证据。

数人在同一事件中遇难、死亡时间无法确定且相互有继承权的，各国民法一般对此都进行了规定。我国最高人民法院在贯彻执行《继承法》若干问题的意见中；摒弃了上述两种立法体例的不足，在第二条明确规定："相互有继承关系的几个人在同一事件中死亡，如不能确定死亡先后时间的，推定没有继承人的人先死亡。死亡人各有继承人的，如几个死亡人辈分不同，推定长辈者先死亡；几个死亡人辈分相同，推定同时死亡，彼此不发生继承，由他们各自的继承人分别继承。"

宣告失踪，是指自然人失踪达到法定期间，经其利害关系人申请，由法院宣告为失踪人，并为之设立财产管理人的制度。宣告死亡在很多国家民法典中又称作推定死亡、相对死亡，是指自然人离开住所或者最后居所而生死不明，达到法定期间，经其利害关系人申请，由法定机关按法定程序和方式宣告其为死亡。

其他国家关于失踪人失踪后，其法律关系是否结束，有两种立法模式。一是法国的失踪宣告制度；二是德国的死亡宣告制度。关于死亡宣告的要件，一般分为实质要件和形式要件。其中，实质要件包括：必须有失踪人失踪的事实；必须经过一定期间。

关于期间，又可分为普通期间和特别期间。对于通常失踪者，一般须经过 10 年或 5 年，利害关系人可以申请法院宣告其死亡；对于遭遇特别灾难而死亡者，失踪期间则短些，有规定 1 年的，有规定 2 年的，有规定 3 年的。

形式要件则包括：利害关系人的申请；法院作出的死亡宣告。

英国法中既无宣告失踪，也无宣告死亡的制度。英国司法实践解决这类问题时采用诉讼推定原则。失踪满 7 年而无音讯的，推定为死亡。如果法院判断失踪的人不应该无音信（如故意逃避对妻子、子女的抚养义务），就

民法

MINFA

不适用推定原则。

我国《民法通则》就明确规定了失踪宣告和死亡宣告制度；《民法通则》第二十条规定："公民下落不明满二年的，利害关系人可以向人民法院申请宣告他为失踪人。战争期间下落不明的，下落不明的时间从战争结束之日起算。"宣告失踪的法律效果是，失踪人的财产由他的配偶、父母、成年子女或者关系密切的其他亲戚、朋友代管。代管有争议的，没有以上规定的人或者以上规定人无能力代管的，由人民法院指定的人代管。

被宣告失踪的人重新出现或者确知他的下落，经本人或利害关系人的申请，人民法院应当撤销对他的失踪宣告。

《民法通则》第二十三条规定了宣告死亡制度："公民有下列情形之一的，利害关系人可以向人民法院申请宣告他死亡：下落不明满四年的；因意外事故下落不明，从事故发生之日起满二年的。战争期间下落不明的，从战争结束之日起算。"

被宣告死亡的人重新出现或者确知他没有死亡，经本人或利害关系人的申请，人民法院应当撤销对他的死亡宣告。有民事行为能力人在被宣告死亡期间实施的民事法律行为有效。被撤销死亡宣告的人有权请求返还财产。

❤ 自然人民事行为能力

民事行为能力，是指自然人据以独立参加民事法律关系，以自己的民事法律行为取得民事权利或承担民事义务的法律资格。

自然人的民事行为能力与民事权利能力一样，都是由法律所确认，当事人不能转让和放弃。自然人民事行为能力受年龄、智力和精神状况的不同而分为完全民事行为能力、限制民事行为能力和无民事行为能力。

完全民事行为能力，是指法律赋予达到一定年龄、智力和精神健康状况正常的自然人通过自己的独立行为进行民事活动的资格和能力。完全民事行为能力一般以达到成年为标志。

各国根据其本国自然人的生理发育程度规定了各自的成年的年龄界限。我国《民法通则》第十一条规定："十八周岁以上的公民是成年人，具有完全民事行为能力，可以进行独立的民事活动，是完全民事行为能力人。"关于成年的年龄界限近年来有降低之趋势，例如，丹麦、西班牙、葡萄牙曾规定25周岁为成年；奥地利曾规定24周岁为成年；荷兰曾规定23周岁为成年。

如果仅以达到某一年龄界限作为成年的标准，则过于僵化，与实际生活不符。为弥补这一缺陷，很多国家的民法规定了在特殊情况下，对于原先未达到成年年龄的自然人，法律规定仍为成年人，赋予其完全民事行为能力。主要包括如下三种情形：第一种是未成年人因结婚而被视为成年人；第二种是未成年人因解除亲权而被规为成年人；第三种是未成年人因独立生活而被视为成年人。我国《民法通则》策十一条第二款规定："十六周岁以上不满十八周岁的公民，以自己的劳动收入为主要生活来源的，视为完全民事行为能力人。"

无民事行为能力，是指完全不具有以自己的行为参与民事法律关系的资格和能力。无民事行为能力人可以分为两类：

一类是一定年龄之下的未成年人是无民事行为能力人。例如，我国《民法通则》规定不满十周岁的未成年人是无民事行为能力人。

一类是完全不能认识和控制自己行为的精神病人或"禁治产人"是无民事行为能力人。

限制民事行为能力，是指法律赋予那些已经达到一定年龄界限但尚未成年和虽已成年但精神不健全，不能完全辨认和控制自己行为的自然人所享有的与其年龄、智力和精神健康状况相适应的民事活动的能力。

限制民事行为能力人按年龄阶段及精神状况可以分为两类；

1. 达到一定年龄的未成年人。例如，我国《民法通则》第十二条规定；"十周岁以上的未成年人是限制民事行为能力人。"

2. 不能辨认自己行为的精神病人。此处的限制民事行为能力人不仅包括精神病人；还包括智力发育不全的人，如痴呆人。限制民事行为能力人是介于完全民事行为能力人与无民事行为能力人之间的一类人。

因此，限制民事行为能力人可以进行与他的年龄、智力和精神健康状况相适应的民事活动。关于限制民事行为能力人可以进行的民事活动，一般限于以下事项：纯获法律上利益或依其年龄及身份，实施日常生活中的行为；被允许独立营业时营业范围内的行为；允许处分的财产；订立雇佣

民法

MINFA

合同的法律行为；经父母或监护人同意订立婚约的行为。

凡是成年人由于精神不健全而被限制其行为能力的就叫禁治产人。禁治产一词是借用日本的法律术语。所谓禁治产，是指禁止处理自己的财产。为了保护禁治产人，以及与之交易的相对人，很多国家的民法对心神丧失或精神耗魂，不能处理自己事务的成年人，特设禁治产宣告制度。

"禁治产人"主要包括以下三种人：

1. 心神丧失的人。即缺乏合理的认识能力与预期能力行为能力人。

2. 精神衰弱的人。即指由于精神上的障碍，认识能力与预期能力远差于正常的人，如年老体衰的人，他们是限制行为能力人。；

3. 浪费人。德国民法典把"因浪费致使自己或其家属有陷于穷边危险考"，以及"因有酒癖以致不能处理自己事务、致使自己或其家屑有陷于穷迫危险、或危害他人安全者"，都可以宣告为禁治产眷。但构成禁治产的浪费行为必须是习循性的浪费，偶尔的浪费不能称为浪费人。

宣告禁治产在程序上必须满足以下两个条件：必须因本人、配偶、最近亲属的申请；必须由法院进行禁治产宣告。

禁治产宣告的效力主要表现在以下方面：受宣告之人成为无行为能力人或限制行为能力人；为禁治产人设置监护人。

如果禁治产人的心神丧失或精神衰弱等症状已完全消失，则可以撤销禁治产宣告，使其依复到原来的行为能力。目前，我国还没有设立"禁治产人"制度。

代理制度与监护制度

在现行的法律制度中，人们创造了一人能同时干许多人干的事的制度，这便是法律上的分身术——代理制度。代理，是代理人在代理权限内以被代理人的名义进行有法律意义的活动，其后果由被代理人承担的法律制度。

其中，以他人名义进行代理活动的人，称代理人，被利用名义的人，称被代理人。代理，是近现代民法中的制度。在古代民法中，虽有类似于代理的某些规定，但由于自然经济及简单商品经济的存在，决定许多民事

法律知识一本通

FALV ZHISHI YIBENTONG

活动无须经他人代理，而严格的商品交换形式又使得许多活动必须由当事人亲自进行，代理制度不可能真正形成。到了近代商品经济和市场经济社会，人们的交往日益频繁，活动领域空前扩大，使得一些人难以事事躬亲，于是就产生了民法中的代理。

按照我国《民法通则》的规定，代理分为委托代理、法定代理、指定代理三类。其中，委托代理是代理的基本类型，是指按着被代理人的委托而产生的代理。委托的类型有三种，第一是全权委托，即委托代理人从事与某种事务有关的全部活动，如全权代理某一项民事诉讼。

第二是特别委托，即委托代理人在一定期限内进行某种民事活动，如在一年内按月代收房租。

第三是一次委托，即委托代理人进行一次民事活动，如代买一次物品等。

上述的第一和第二情况是法定代理，即按着法律的规定而产生的代理，在我国，主要是《民法通则》规定的对未成年人或精神病人设立的监护人为法定代理人的情况，法定代理人代理被代理人进行被代理人不能进行的民事活动。

上述的第三种情况是指定代理，即按照有关部门的指定而产生的代理。这主要是指企业指定其职工为推销员、采购员及人民法院等为未成年人或精神病人在其近亲属中指定监护人为代理人的情况。

监护是对未成年人和精神病人的人身、财产和其他合法权益依法实施的监督和保护。其中，担任监督、保护职责的人为监护人，处于监督、保护之下的人为被监护人。

我国《民法通则》第十六条规定：

1. 未成年人的父母是未成年人的监护人。

2. 未成年人的父母已经死亡或者没有监护能力的，由下列人员中有监护能力的人担任监护人：祖父母、外祖父母；兄、姐；关系密切的其他亲属、朋友愿意承担监护责任，经未成年人的父、母的所在单位或者未成年人住所地居民委员会、村民委员会同意的。

3. 没有上述监护人的，由未成年人的父、母的所在单位或未成年人住所地的居民委员会、村民委员会或民政部门担任监护人。

另外，未成年人的父母于不能履行监护职责时或死亡前，可为子女设立委托监护人或遗嘱监护人。关于如何认定监护人的"监护能力",根据《最高人民法院关于贯彻执行＜民法通则＞若干问题的意见》第十一条的规定,应当根据监护人的身体健康状况、经济条件以及与被监护人在生活上的联系状况等因素予以确定。

《民法通则》第十七条规定了对无民事行为能力和限制民事行为能力的精神病人的监护人包括:配偶、父母、成年子女、其他近亲属、关系密切的其他亲属,朋友愿意承担监护责任,经精神病人的所在单位或者未成年人住所地居民委员会、村民委员合同意的。没有上述监护人的,由精神病人的所在单位或住所地的居民委员会、村民委员会或民政部门担任监护人。

对担任监护人有争议的,由特定机构依法指定监护人,此为指定监护。监护人被指定后,不得自行变更。擅自变更的,由原指定的监护人和变更后的监护人承担监护责任。

《民法通则》第十六条第二款规定了对未成年人的指定监护,根据该款规定:对担任未成年人监护人有争议的,由未成年人父、母的所在单位或者住所地的居民委员会、村民委员会在近亲属中指定。第十七条第二款规定,对担任精神病人的监护人有争议的,由精神病人的所在单位或者住所地的居民委员会、村民委员会在近亲中指定。对指定不服提起诉讼的,由人民法院裁决。此处的近亲属,包括配偶、父母、子女、兄弟姐妹、祖父母、外祖父母、孙子女、外孙子女。

根据《最高人民法院关于贯彻执行〈民法通则〉若干问题的意见》第十条的规定,监护职责具体包括:保护被监护人的身体健康;照顾被监护人的生活;管理和保护被监护人的财产;代理被监护人进行民事活动;对被监护人进行管理和教育;在被监护人合法权益受到侵害或者与人发生争议时,代理其进行诉讼。监护人应当履行监护职责,保护被监护人的人身、财产及其他合法权益,除为被监护人的利益外,不得处理被监护人的财产。

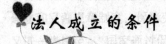 法人成立的条件

电力的使用和蒸汽机的发明等科技成果,带来了近现代社会的工业文明。但是,在我们认识自然科学推动经济的发展的同时,不要忽视上层建

筑对经济基础的反作用，建立一种适应社会经济发展的法律制度，同样会像使用电力和蒸汽机那样促进社会经济的发展。法人制度的建立就是一例。

法人是享有民事权利能力和民事行为能力，依法享有民事权利、承担民事义务的社会组织。它是不同于自然人的另一类民事主体。

在奴隶社会和封建社会，作为经济活动的民事主体，基本上是有生命的人。但是，到了资本主义社会，高度发达的商品经济及大工业的兴起，决定必须在法律上规定一种新的民事主体，即规定一种不同于生命体的公民的另一种社会组织体为法律上的人，即法人。这是因为，资本主义大企业，如铁路、银行、矿山、大工厂等，单靠自由竞争时期某个资本家的财产是无法成立的，必须由许多人联合起来，共同投资方可建立。于是，一种新的社会组织——公司应运而生。公司就是典型的法人组织，最早设立的是 17 世纪初英国的东印度公司及荷兰的东印度公司。

法国在民法典制定后不久，即制定了公司法。1900 年的《德国民法典》规定了完善的法人制度。法人不仅能集中社会资金从事社会化大生产，而且还可减少资本家投资的风险，使资本家可以将自己的资金投入到不同的公司之中，由于社会的发展总会使多数公司赢利，而某个资本家一般来说即使其投资的某个公司破产，他仍可从投资的其他几个获利的公司中得到补偿，仍可从总体上赢利，从而就避免了独自经营破产的风险。因此，法人制度，备受资本主义民法学者所赞誉，被称为不亚于电力的使用和蒸汽机发明的法制创造。

社会主义仍是社会化大生产的社会，社会主义市场经济决定其法律主体中也必须有法人的存在。因此，我国民法通则总结了新中国成立后的历史经验，借鉴国外立法，规定了较为完善的法人制度。

法人作为一个社会组织体，必须符合一定的条件。根据《民法通则》第三十七条规定，法人必须同时具备四个条件，缺一不可。

第一，依法成立。即法人必须是经国家认可的社会组织。在我国，成立法人主要有两种方式：一是根据法律法规或行政审批而成立。如机关法人一般都是由法律法规或行政审批而成立的。二是经过核准登记而成立。如工商企业、公司等经工商行政管理部门核准登记后，成为企业法人。

第二，有必要的财产或者经费。法人必须拥有独立的财产，作为其独立参加民事活动的物质基础。独立的财产，是指法人对特定范围内的财产享有所有权或经营管理权，能够按照自己的意志独立支配，同时排斥外界对法人财产的行政干预。

第三，有自己的名称、组织机构和场所。法人的名称是其区别于其他社会组织的标志符号。名称应当能够表现出法人活动的对象及隶属关系。经过登记的名称，法人享有专用权。法人的组织机构即办理法人一切事务的组织，被称作法人的机关，由自然人组成。法人的场所是指从事生产经营或社会活动的固定地点。法人的主要办事机构所在地为法人的住所。

第四，能够独立承担民事责任。指法人对自己的民事行为所产生的法律后果承担全部法律责任。除法律有特别规定外，法人的组成人员及其他组织不对法人的债务承担责任，同样，法人也不对除自身债务外的其他债务承担民事责任。

合同是社会的纽带

我国《民法通则》第八十五条规定："合同是当事人之间设立、变更、终止民事关系的协议。依法成立的合同，受法律保护。"合同又叫契约，曾被法学家称为"法锁"，意即将人与人联系起来的法律之锁，也被法学家广泛称为"社会联系的纽带"。

当朝阳初升，夜幕退去之后，青少年朋友们背上书包上学的时候，如果你坐公共汽车的话，你一定要出示月票或购买车票的，你的这种行为就是同公共汽车运输公司发生的合同行为，这叫旅客运送合同；如果你早晨在外面吃早餐，你与饭店或个体小吃营业者发生的是买卖合同关系。看看你书包里装的，身上穿的，有许多都是你的爸爸妈妈从商店里买的或者你自己买的，就是你爸爸妈妈做的，那原料也可能是从别人那买来的。

如果你是骑自行车上学的话，你的自行车也一定是买来的。以上叫做买卖合同；朋友交往之中，往往互赠礼品，这叫赠与合同；你家的房子可能是租用他人的，这叫租赁合同；你借别人的东西，千万不要忘了还别人，因为你与出借人是一种借用合同关系，你负有返还借用物的义务，出借人享有请求你返还的权利；你去理发店理发、去浴池洗澡、去电影院看电影，也一定要买票和交费，因为这是各种服务合同关系；你外出旅游带着东西多不方便，可叫小件寄存处保管，这叫保管合同；你的父母如果为你向保险公司交了人身保险费，就设立了保险合同关系；如果你的自行车坏了，可请修车师傅给你修理一下，这是承揽合同；当你学业告成，走向社会参加工作之后，你和你所在的单位与他人几乎每天都在发生各种合同关系。

也许你会提出疑问，为什么天天都在发生合同关系，我们在日常生活中却感觉不到呢？那是因为在你没有学习法律之前，你没有认识到在你周围发生的许多关系是由合同联结起来的，也是因为合同的规定是与人们正常的习惯一致的，合同法不违背人们的正常习惯。但，上述许许多多的社会关系，单靠道德规范的调整是不够的，因为有些人破坏了一些习惯侵害了他人利益，不用法律调整就不能维护正常的社会秩序。

因此，这些非用法律调整的各种社会关系，合同法就当事人的权利、义务与责任做了明确规定，违反了合同就应承担法律责任，如不主动承担，权利人就可告到法院，人民法院就会动用国家强制力强制义务人承担。你没有感觉到经常发生各种合同关系，与你是一个遵守社会公共道德的人有关，因为一般来说，法律是最低的公共道德标准，你遵守社会公德，往往感觉不到法律的约束。但社会上总有一些不遵守公共道德的人，如有的人坐车不买票，有关部门和工作人员就可能依交通法规对其罚款；有的人借东西不还，人家告到法院，法院就要责令他返还，这些时候他就感觉到法律的约束力了。

但是，万不可以为遵守公共道德，就用不着学习法律了，因为许多有重大法律后果的协议，当事人必须严格按着合同的规定进行协商，合同条文必须采用书面形式予以明确规定，以便当事人正当行使权利和履行义务，事后发生纠纷，也有据可查。另外，每个人都有可能遇到违反合同义务的人的损害，掌握合同法，有利于维护自身的利益。

合同作为一种设立、变更、终止民事关系的协议，其内容和形式必须合法。合法的合同，受法律保护，对当事人有法律约束力，不仅权利人应依合同规定行使权利，义务人也必须依合同规定履行义务。订立民事合同，当事人是在平等的法律地位上根据自愿原则进行协商，任何人均不得强迫或命令他人与自己签订合同。合同规定的权利义务也必须公平合理。凡是

强迫或命令他人与自己签订的合同都是没有法律效力的。

违反合同义务的人，必须依法承担责任，有履行可能而对方又需要履行的，应继续履行义务，造成他人损失的，应赔偿损失，有违约金规定的，应向对方支付违约金。在人们日常交往过程中，合同如同一条无形的纽带将人们联结起来，维护着社会正常而广泛的秩序。

❤ 法定继承与遗嘱继承

社会是人的组合体，而家庭则是社会的细胞。家庭是由一定血缘关系构成的社会最小单位，具有生产职能与消费职能。家庭的生产职能，包括物质资料的生产和人的繁衍。在我国，相当一部分家庭仍然是一个物质资料的生产单位，如农村的承包经营户及城镇的个体工商户，而另一部分家庭已不再是物质资料的生产单位，如以工资收入为生活来源的家庭，但所有的家庭都具有人的繁衍及养老育幼的基本功能。所有的家庭也都是一个消费单位。因此，家庭职能的正常发挥，事关社会的稳定与发展。

继承是维持家庭的社会职能的重要制度。继承，在古代民法中包括身份和财产的继承。身份继承，主要是官爵的继承及家长地位的继承。奴隶社会和封建社会，身份继承较之财产继承更具有特别的意义，且多实行嫡长子继承制。到了资本主义社会，废除了身份继承而只保留了财产继承。我国社会主义的继承也专指财产继承。因此，在现代社会中，继承就是将死者遗留的财产转归有权继承的人所有的制度。1985年4月10日，第六届全国人民代表大会第三次会议通过了《中华人民共和国继承法》，并于1985年10月1日起生效，共五章三十七条。

根据我国继承法的规定，继承有法定继承与遗嘱继承两种，以法定继承为主，遗嘱继承的效力又优先于法定继承。

法定继承，是按照法律规定的继承人范围和顺序及遗产分割方式发生的继承。依我国继承法规定，法定继承分为两个顺序，第一顺序包括：配偶、子女、父母；第二顺序包括：兄弟姐妹、祖父母、外祖父母、。

在有第一顺序继承人的情况下，第二顺序继承人不得继承，没有第一顺序继承人继承的，由第二顺序继承人继承。法定继承，遗产原则上平均分配，但应照顾未成年人、老年人及生活有困难的人，对被继承人生前尽了较多赡养、扶养义务的可以多分遗产，有能力尽义务而不尽或少尽义务的，应当不分或少分遗产。

对被继承人尽了主要赡养义务的丧偶女婿或儿媳，可以作为第一顺序继承人继承遗产。

遗嘱继承是按照被继承人生前立的合法有效遗嘱发生的继承。遗嘱是处分遗产的行为。遗嘱的内容必须合法，必须为未成年人或其他丧失劳动能力又无生活来源的继承人留下必要的遗产份额。遗嘱指定的继承人叫遗嘱继承人。立遗嘱人必须在法定继承人中指定遗嘱继承人，但不受法定继承人顺序的限制。遗嘱也可以表示将遗产在其死后赠给国家、集体或法定继承人以外的人。

遗嘱是死者生前处分自己财产的行为，当然受法律保护。因此，继承财产时，有遗嘱的，按遗嘱继承，无遗嘱或遗嘱未处分的财产，按法定继承处理。我国继承法的具体规定，与家庭成员间互相尽义务的情况是一致的，也是与养老育幼的家庭职能一致的。因此，继承法是维持家庭社会职能的重要法律。

民法

MINFA

婚姻法

♥ 婚姻法及其调整对象

婚姻家庭法简单说是指调整有关婚姻家庭关系的法律，具体讲婚姻家庭法是指规定婚姻家庭关系的发生和终止，以及由此产生的一定范围亲属间权利义务的法律规范的总和。

婚姻法的概念是对婚姻法内容的高度概括，概念和内容是一致的。一般来说，一个法的名称和它的调整对象也应该是一致的。按婚姻法名称表面理解，好像只是调整婚姻义系的法。其实，从婚姻法规定的内容看，可将婚姻法分为狭义的婚姻法和广义的婚姻法。

狭义的婚姻法以婚姻关系作为调整对象，其内容包括婚姻成立的条件和程序，婚姻解除的原则和法律后果，夫妻间的权利和义务。如《美国统一结婚离婚法》。广义的婚姻法除了狭义婚姻法所规定的内容外，还包括家庭关系的内容。如规定父母与子女之间的权利和义务，祖父母与孙子女、外祖父母与外孙子女、兄弟姐妹等家庭成员之间的权利义务，如《中华人民共和国婚姻法》。

从编制方法上看，可将婚姻法分为形式意义上的婚姻法和实质意义上的婚姻法。形式意义上的婚姻法仅指《中华人民共和国婚姻法》以及民法典中有关婚姻的部分；实质意义上的婚姻法，不仅包括形式意义上的婚姻法，而且还包括法律、法规以及司法解释中有关婚姻家庭的规定。

婚姻法是规定婚姻和家庭关系中权利和义务的法，这是各种类型的婚姻法的共性；但不同社会制度下的婚姻法所规定的权利和义务的内容和性质是不同的，这是由婚姻法的阶级本质决定的。

统治阶级为了维护其经济利益，利用国家机器将社会秩序稳定在一定的范围内，其中包括婚姻和家庭关系的秩序。如果男女之间的结合形式可能带来婚姻秩序的紊乱，就会被列在取缔之列。为了维护统治阶级秩序的需要，维护统治阶级的利益，就把有利于统治阶级需要的婚姻家庭秩序化为法定的权利和义务。

我国婚姻法是我国无产阶级和广大人民在婚姻家庭方面意志和要求的集中表现，是我国社会主义经济基础的上层建筑，它充分显示出社会主义婚姻家庭制度的优越性。

婚姻法具有我国法的一般特征，如都是我国社会主义经济基础的上层建筑，都是工人阶级和广大人民意志的反映，都具合法的强制性等等。但由于婚姻家庭关系的特殊性，使它具有不同于其他法律的以下特点。

首先，婚姻法的适用范围具有广泛性。婚姻法是适用于一切公民的普遍法，而不是只适用于部分公民的特别法，几乎人人都要结婚，每一个公民都生活在家庭之中，因此而形成的婚姻和家庭关系都要适用婚姻法。因此说婚姻法是有关一切男女老幼的切身利益、适用范围极为广泛的法律。

其次，婚姻法具有强烈的伦理性。婚姻家庭是一个重要的伦理实体。与财产法不同，属于身份法范畴的婚姻法具有强烈的伦理性。反映我国工人阶级和广大人民意志的法律，都是和社会主义道德相一致的，而这一点在婚姻家庭问题上表现得尤为明显。婚姻法中所规定的各种权利利义务，都是社会主义道德所要求的。如父母对子女有抚养教育的义务，子女对父母有赡养、扶助义务，夫妻有互相扶养的义务，滥用权利和不履行义务，既是违背社会主义道德，也是婚姻法所禁止的。

再次，婚姻法的大部分规范是强制性规范。强制性是一切法律部门的共同特点，在婚姻家庭法上表现尤为明显。为了保护公民在婚姻家庭方面的合法权益和维护社会利益，婚姻家庭法中的规定大多是强制性规定，如关于结婚、离婚内容的规定。当然，婚姻家庭法中也有一部分任意性规定，如关于夫妻财产问题的约定。

婚姻家庭法虽属于民法范畴，但与其他民法规范比较又具有相对独立的性质，其独立性特点主要是出它的特定调整对象决定的，对此应从两个方面加以理解。

从调整对象的范围来看，婚姻家庭法既调整婚姻关系，又调整家庭关系。婚姻关系是指夫妻之间的权利义务关系。家庭关系是指家庭成员之间的权利义务关系，即父母子女关系、兄弟姐妹关系和祖孙关系。

从调整对象的性质来看，既有婚姻家庭方面的人身关系，又有因人身关系，而引起的财产关系。

婚姻法调整的对象主要是人身关系，同时也调整财产关系，但这种财产关系是依附于人身关系而存在的。人身关系是指存在于具有特定身份的主体之间，其本身不直接体现经济内容的关系。婚姻关系只能存在于具有合法的夫妻身份的男女双方之间。家庭关系只能存在于父母子女、兄弟姐妹和其他家庭成员之间，这些关系并不是为了经济上的目的而存在的。

婚姻家庭法中的财产关系是以人身关系为前提，随人身关系的产生而产生，随人身关系的消灭而消灭，如亲属间的扶养、继承义系等，因此它是一种附属于人身关系的财产关系。婚姻家庭法中的财产关系具有如下特点：

1. 婚姻家庭法中的财产关系不具有等价、有偿的性质。

2. 婚姻家庭法中的财产关系的主体都是具有特定身份的亲属。

3. 婚姻家庭法中的财产关系基于结婚、收养等特定法律事实而发生。

♥ 我国的婚姻家庭制度

我国的婚姻家庭制度是建立在社会主义公有制基础之上的，体现广大劳动人民意志的法律制度，与封建社会、资本主义社会的婚姻家庭制度有着本质的区别。我国婚姻家庭制度的特征主要表现在以下几个方面：

一是婚姻自由。婚姻自由是指公民有权依照法律的规定，自主自愿地决定自己的婚姻问题，任何人不得加以强制和干涉。这是我国婚姻家庭制度的重要基石，是公民的基本权利和婚姻法的原则之一。婚姻自由在内容上包括结婚自由和离婚自由两个方面；保障结婚自由是为了使男女青年根据自己的意愿，建立以爱情为基础的婚姻关系；保障离婚自由，是为了使

感情确已破裂的夫妻，通过法律程序解除婚姻关系，继而有可能重新建立幸福美满的家庭。但是，婚姻自由是相对的而不是绝对的，必须受法律和道德的约束，任何人不得借口婚姻自由损害他人的合法权利和社会公共利益。

我国婚姻法在规定婚姻自由的同时，又明确禁止干涉婚姻自由的行为（比如包办婚姻、买卖婚姻、换亲、转亲、订小亲、抱童养媳等）和禁止借婚姻索取财物。需要注意的是，借婚姻索取财物虽然表面上结婚出于自愿，实际上是以结婚为代价满足物质上的欲望，是违法的，与男女青年恋爱、婚前的自愿馈赠是有本质区别的。

二是一夫一妻。即一男一女结为夫妻的婚姻制度，这是以爱情为基础的婚姻的必然要求。按照我国婚姻法的有关规定，任何人不得同时有两个或两个以上的配偶；有配偶者在婚姻关系终止前（即离婚或配偶死亡之前）不得再行结婚；重婚不具有法律效力；严禁任何方式的一夫多妻或一妻多夫行为。此外，禁止通奸、姘居等婚外两性关系，取缔卖淫、嫖娼活动，是维护和巩固一夫一妻的需要。

三是男女平等。即男女两性在婚姻关系和家庭生活的一切方面，都平等地享有权利、承担义务。这彻底否定了男尊女卑、夫权统治的旧制度、旧传统和旧思想，禁止对妇女任何形式的歧视、虐待和压迫，是社会主义婚姻家庭制度区别于私有制婚姻家庭制度的基本标志。男女平等具体表现为：在结婚离婚问题上，男女双方有平等的决定权，一方不得对他方加以强迫；结婚后，男女都有使用自己姓名的权利，都有参加生产、工作、学习的权利，一方不得对另一方加以限制和干涉；男女双方都有抚养、教育子女的权利、义务；离婚后的子女仍然是父母双方的子女；男女两性都有平等的继承权，等等。

四是保护妇女、儿童和老人的合法权益。在婚姻家庭中，妇女、儿童、老人相对来说属于弱者，他们的权利容易受到损害。为巩固和发展团结和睦、老爱幼的婚姻家庭关系，就要对他们进行特殊的法律保护，禁止任何人对他们的虐待和遗弃。

五是计划生育。以降低人口增长速度、提高人口素质为目标的计划生育，是我国的一项基本国策，要求青年男女适当的晚婚晚育，每个家庭少生、优生。公民有按照计划生育的要求，生育子女的权利，也有不生育子女的自由，任何人不得加以强制或干涉。青年男女必须破除"多子多福"、"重男轻女"的封建主义生育观，发扬以计划生育为荣、生男生女都一样的新风尚。

法定结婚年龄和条件

　　婚姻成立，具有法律约束力，必须符合法律规定的条件和办理结婚登记手续。我国婚姻法规定的结婚条件有两个方面：必备条件和禁止条件，必备条件是男女双方结婚均需具备的条件，禁止条件是男女双方不得具备的条件。要求结婚的男女如欠缺必备条件或具备禁止条件，均不得结婚。

　　我国婚姻法规定的结婚的必备条件有三：一是男女双方完全自愿。是否结婚、与谁结婚的决定权属于男女当事人本人，不允许任何一方对另一方加以强迫或任何第三人加以干涉。二是到达法定婚龄。法定婚龄是法律规定的最低结婚年龄，不满法定婚龄的男女不准结婚。我国现行的法定婚龄是：男不得早于 22 周岁，女不得早于 20 周岁。

　　在我国的广大农村，许多青年男女未达法定婚龄就结婚，以夫妻名义同居生活，这种早婚是不受法律保护的。

　　法定婚龄是允许结婚的最低年龄，它不一定是人的最佳结婚年龄，也不是必须结婚的年龄，到达法定婚龄的男女并不是必须马上结婚。因此，法律在规定法定婚龄的同时又鼓励晚婚晚育。晚婚是指男 25 周岁、女 23 周岁以上结婚，晚育是指女子 24 周岁后生育第一胎。青年男女应将精力放在工作、学习上，响应国家的晚婚晚育号召，以求事业和家庭双丰收。三是符合一夫一妻制，这就要求结婚的男女均无配偶，即双方均未婚或已婚者配偶死亡或离婚。

　　法律规定的结婚的禁止条件有二：一是直系血亲和三代以内旁系血亲禁止结婚。直系血亲包括：父母子女间（包括养父母养子女间、继父母与受其抚养教育的继子女间）、祖父母孙子女间、外祖父母外孙子女间，禁止结婚；三代以内旁系血亲包括：兄弟姐妹间（包括同胞的兄弟姐妹、同父异母或同母异父的兄弟姐妹，不含无血缘关系的异父异母兄弟姐妹）、伯叔与侄女、姑与侄、舅与外甥女、姨与外甥、堂兄弟姐妹及表兄弟姐妹之间，禁止结婚。

符合上述结婚必备条件及欠缺上述结婚禁止条件的男女双方必须亲自到一方户口所在地的婚姻登记机关进行结婚登记，取得结婚证，夫妻关系即确立。有些人法律观念淡薄，不到有关部门办理结婚登记手续，而是举行婚礼、放鞭炮、请客后，即以夫妻名义共同生活。这种情况即使周围群众也认为是夫妻关系的，其所谓的"婚姻"也不受法律保护，仍然是违法婚姻，只有在补办了结婚登记手续后，才为合法婚姻。

❤ 家庭成员的权利义务

家庭关系包括夫妻关系、父母子女关系、祖孙关系、兄弟姐妹关系。夫妻关系是家庭关系的核心。从男女双方领取《结婚证》时起，夫妻关系即成立。夫妻关系又包括夫妻间人身关系和夫妻间财产关系两个方面。夫妻间的人身关系具体表现为：夫妻在家庭中地位平等；夫妻双方都有各用自己姓名的权利；夫妻双方所生子女可以随父姓，也可以随母姓；夫妻双方都有参加生产、工作、学习和社会活动的自由；夫妻双方都有实行计划生育的义务等等。

夫妻间的财产关系表现为：夫妻在婚姻关系存续期间所得财产为夫妻共同财产，夫妻双方有平等的占有、使用、收益、处分的权利，当然夫妻双方也可以在自愿、合法的基础上约定某些财产归夫妻一方所有；夫妻间在生活上有相互供养的义务，一方不履行扶养义务时，需要扶养的一方有权要求对方付给扶养费；夫妻互为第一顺序的法定继承人，有相互继承遗产的权利。如果夫妻双方为无效婚姻或非法同居关系，或继承开始前双方已经离婚，则一方死亡后他方无权继承遗产；如果一方在离婚诉讼中死亡，则另一方仍然有权继承其遗产；如果登记后尚未同居生活一方死亡，则另一方亦有继承遗产的权利。

父母子女是最近的直系血亲，父母子女关系又称为亲子关系。我国婚姻法对父母子女间的权利义务关系做了如下规定：

1. 父母对子女有抚养教育的义务。抚养是父母从物质上、经济上养育和照料子女，教育是父母在思想、品德、学业等方面培养子女。父母的这种抚养教育义务，始于子女出生并不附带任何条件。当父母不履行抚养义务时，未成年的或不能独立生活的子女，有权利要求父母付给生活费。

2. 父母有管教和保护未成年子女的权利和义务。管教是父母依照法律和道德的要求，采用正确的方式，对未成年子女进行管理和教育，保护是父母确保未成年子女的人身和财产免遭外界的侵害。父母对未成年子女的管教和保护，既是权利又是义务。在未成年子女给国家、集体或他人造成损害时，父母有赔偿经济损失的义务。

3. 子女有赡养扶助父母的义务。赡养是子女在物质上、经济上为父母提供必要的生活条件，扶助是子女在精神上、生活上对父母进行关心、照顾和帮助。赡养、扶助父母是每个子女的法定义务，不附加任何条件。当子女不止一人时，可本着条件好的多负担、条件差的少负担的精神，共同履行这一义务。如果子女不履行赡养父母的义务，无劳动能力的或生活有困难的父母，有权要求子女给付赡养费。

4. 父母子女为第一顺序的法定继承人，有相互继承遗产的权利。以上关于父母子女间的权利义务关系，适用于亲生父母、养父母、有抚养关系的继父母与婚生子女、非婚生子女、养子女、有抚养关系的继子女间。

祖孙间也属于比较近的直系血亲，他们之间也发生权利、义务关系，但这种权利义务关系是有条件的，即有负担能力的祖父母、外祖父母对于父母已经死亡、或父母一方死亡另一方确无抚养能力、或父母虽未死亡但均丧失抚养能力的未成年的孙子女、外孙子女，有抚养的义务；有负担能力的孙子女、外孙子女，对于子女已经死亡，或子女虽未全部死亡但生存的子女确无赡养能力的祖父母、外祖父母，有赡养的义务；祖父母、外祖父母为第二顺序的法定继承人，在没有第一顺序的法定继承人，或者第一顺序的法定继承人均放弃继承或者丧失继承权时，祖父母、外祖父母有权继承孙子女、外孙子女的遗产；孙子女、外孙子女在其父母先于祖父母、外祖父母死亡时，有权代位继承祖父母、外祖父母的遗产。

兄弟姐妹为最近的旁系血亲，他们之间也发生权利、义务关系，这种权利义务关系也是有条件的，即：有负担能力的兄、姊，对于父母已经死亡或者父母无力抚养的未成年的弟、妹，有抚养的义务；由兄、姊抚养长大的弟、妹，对丧失劳动能力、孤老无依的兄、姊，有赡养的义务；兄弟姐妹是第二顺序的法定继承人，当没有第一顺序的法定继承人，或者第一顺序的法定继承人均丧失或放弃继承权时，兄弟姐妹可以相互继承遗产。

❤ 无效婚姻与可撤销婚姻

无效婚姻，也称婚姻无效，是指因不具备法定结婚实质要件或形式要件的男女结合，在法律上不具有婚姻效力的制度。因欠缺婚姻成立的法定要件而不发生法律效力的婚姻。包括无效婚姻和得撤销婚姻，前者为自始当然无效，后者则需经诉讼程序，从宣告撤销起丧失婚姻的效力。无效婚姻法律制度历来是婚姻法律制度的重要组成部分，目前许多国家的法律中也都有无效婚姻的规定。

关于子女的法律地位，有些国家规定，无效婚姻因自始无效，当事人间不发生身份关系，故所生子女视为非婚生子女（如日本民法等）；另一些国家则规定，子女的法律地位和权利，不受婚姻无效和撤销的影响，仍视同婚生子女（如瑞士民法）。

我国 1950 年、1980 年《婚姻法》均未规定无效婚姻内容，只是在《婚姻登记管理条例》（1994 年版已废止）中才有"婚姻关系无效"的提法。2001 年《婚姻法》修订中，确立婚姻无效和可撤销婚姻的内容，使得《婚姻法》的体系更为完善。现行《婚姻法》第十条规定，婚姻无效的原因有：重婚的；有禁止结婚的亲属关系的；婚前患有医学上不应当结婚的疾病，婚后尚未治愈的；未到法定婚龄等。

对于无效婚姻的法律后果，《婚姻法》第十二条规定"无效或被撤销的婚姻，自始无效。当事人不具有夫妻的权利和义务，同居期间所得的财产，由当事人协议处理，协议不成的，由人民法院根据照顾无过错的原则判决。对重婚导致的婚姻无效的财产处理，不得侵害合法婚姻当事人的财产权益。当事人所生的子女，适用本法有关父母子女的规定。"

2003 年 10 月 1 日起实施的新《婚姻登记条例》取消了对弄虚作假、骗取婚姻登记的当事人进行行政处罚，以及对重婚事实向检察机关举报的规定，弱化了婚姻登记机关的司法职能。使得婚姻无效的宣告请求权人只是

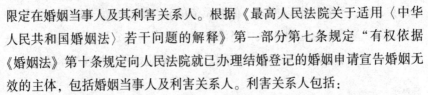

限定在婚姻当事人及其利害关系人。根据《最高人民法院关于适用〈中华人民共和国婚姻法〉若干问题的解释》第一部分第七条规定"有权依据《婚姻法》第十条规定向人民法院就已办理结婚登记的婚姻申请宣告婚姻无效的主体，包括婚姻当事人及利害关系人。利害关系人包括：

1. 以重婚为由宣告婚姻无效的，为当事人的近亲属及基层组织；

2. 以未到法定婚龄为由申请宣告婚姻无效的，为未达法定婚龄者的近亲属；

3. 以有禁止结婚的亲属关系为由申请宣告婚姻无效的，为当事人的近亲属；

4. 以婚前患有医学上认为不应当结婚的疾病，婚后尚未治愈为由申请宣告婚姻无效的，为与患者共同生活的近亲属。

只要是无效的婚姻，自始不具有法律效力，当事人之间也不具有夫妻之间的权利和义务，应当予以解除。根据《婚姻法》规定：任何人发现无效婚姻，都有权检举和揭发；当事人以及利害关系人可以向婚姻登记机关或人民法院提出该婚姻无效；婚姻登记机关和人民法院发现有无效婚姻的，应当主动依职权解除该婚姻。

婚姻登记机关和人民法院查明确实是无效婚姻时，应当收回被骗取的结婚证，宣告该婚姻无效，解除当事人之间的同居关系，并对同居期间的财产及所生子女作适当处理。

可撤销的婚姻是指当事人因意思表示不真实而成立的婚姻，或者当事人成立的婚姻在结婚的要件上有欠缺，法律赋予一定的当事人以撤销婚姻的请求权，该当事人可以通过行使撤销婚姻的请求权，而使该婚姻为无效的婚姻。通过有撤销权的当事人行使撤销权，使已经发生法律效力的婚姻关系失去法律效力。

根据我国婚姻法的规定，婚姻可以撤销的原因为胁迫。所谓胁迫，是指非法地以将要使他人产生损害或者以直接对他人实施损害相威胁，使某人产生恐惧或者因受到损害而结婚。

胁迫的手段有两种类型：一种是非法地以将要使他人产生损害相威胁，而使某人产生恐惧。将要发生的损害可以是涉及生命、身体、财产、名誉、自由、健康等方面的，并且没有法律依据。同时，这种损害必须是相当严

重的，足以使被胁迫者感到恐惧。例如，以不与其结婚烧毁对方的面容相威胁，而迫使对方与其结婚等。

另一种是直接对他人实施不法行为，给某人造成损害，而迫使该人结婚。这种直接损害可以是对肉体的直接损害，如绑架对方，也可以是对精神的直接损害，如诽谤对方等。

胁迫婚姻违反了结婚须男女双方完全自愿的原则，是违法婚姻，考虑到被胁迫的一方，在结婚时，虽然是违背了自己的意愿与他人缔结了婚姻关系，但有可能在和他人结婚后，组建了家庭，经过一段时间生活，与对方建立了一定的感情，婚姻关系还不错，特别是在有了孩子的情况下，与对方、与孩子更有一种难以割舍的关系，在这种情况下，法律明确规定胁迫婚姻为无效婚姻，不一定适当。

经过反复研究，新修正的婚姻法将因胁迫而缔结的婚姻，规定为可撤销婚姻，把是否认其婚姻效力的申请请求权交给受胁迫方。如果受胁迫方不想维持因胁迫而缔结的婚姻，可以向婚姻登记机关或向人民法院请求撤销该婚姻，经有关部门审查核实，宣告该婚姻没有法律效力；如果最初受胁迫，但后来愿意共同生活，则可以放弃申请撤销婚姻效力的请求权，婚姻登记机关或人民法院不能主动撤销当事人的婚姻关系。

婚姻关系的终止

婚姻可以因婚姻关系的一方死亡（包括自然死亡和宣告死亡两种情况）而终止，也可以因当事人离婚而终止。因死亡终止婚姻关系的情况比较简单，这里不多解释。主要解释一下离婚引起的婚姻关系解除。

我国婚姻法规定的离婚方式有以下两种：

一是协议离婚。即婚姻因夫妻双方同意离婚而解除，这是一种"和平"解除婚姻关系的方法，倍受人们的欢迎。协议离婚是有条件的，即男女双方完全自愿并就离婚后的子女抚养和共同财产如何分割、共同债务如何偿还等问题有了适当处理。符合以上条件的男女双方可以到一方户口所在地的婚姻登记机关申请离婚登记，在领取了《离婚证》后，夫妻关系随即解除。

二是裁判离婚。即一方要求离婚、另一方不同意离婚，或虽双方都同意离婚，但就子女抚养或财产问题达不成协议的，由人民法院依诉讼程序解决。

人民法院审理离婚案件，应当进行调解，维持婚姻关系或解除婚姻关系，如经调解达不成协议，则由人民法院视具体情况，判决准予或不准离婚。按照婚姻法的有关规定，如果夫妻感情确已破裂，调解无效，可判决离婚；如果夫妻感情尚未破裂，即使调解无效，也不能准予离婚。判断感情是否破裂，可以从婚姻基础、婚后感情、离婚原因、夫妻关系现状及有无和好可能几个方面综合分析。

一般说来，具备下列情形之一的，可以视为夫妻感情破裂，一方坚决要求离婚，经调解无效，可判决准予离婚：

1. 一方患有法定禁止结婚疾病的，或一方有生理缺陷，或其他原因不能发生性行为，且难以治愈的。

2. 婚前缺乏了解，草率结婚，婚后未建立起夫妻感情，难以共同生活的。

3. 婚前隐瞒了精神病，婚后经治不愈，或者婚前知道对方患有精神病而与其结婚，或一方在夫妻共同生活期间患有精神病，久治不愈的。

4. 一方欺骗对方，或者在结婚登记时弄虚作假，骗取《结婚证》的。

5. 双方办理结婚登记后，未同居生活，无和好可能的。

6. 包办、买卖婚姻，婚后一方随即提出离婚，或者虽共同生活多年，但确未建立起夫妻感情的。

7. 因感情不和分居已满3年，确无和好可能的，或者经人民法院判决不准离婚后又分居满1年，互不履行夫妻义务的。

8. 一方与他人通奸、非法同居，经教育仍无悔改表现，无过错一方起诉离婚，或者过错方起诉离婚，对方不同意离婚，经批评教育、处分，或在人民法院判决不准离婚后，过错方又起诉离婚，确无和好可能的。

9. 一方重婚，另一方提出离婚的。

10. 一方好逸恶劳、有赌博等恶习，不履行家庭义务，屡教不改，夫妻难以共同生活的。

11. 一方被依法判处长期徒刑，或者违法、犯罪行为严重伤害夫妻感情的。

12. 一方下落不明满二年，对方起诉离婚，经公告查找确无下落的。

13. 受对方的虐待、遗弃，或者受对方亲属虐待、或虐待对方亲属，经教育不改，另一方不谅解的。

一审人民法院准予离婚的民事判决书，当事人任何一方在上诉有效期限内（自接到判决书次日起 15 日内）不得与他人另行结婚，否则构成重婚。如果双方当事人均未上诉，则离婚判决书生效，婚姻关系解除。二审人民法院准予离婚的判决书送达后即发生法律效力。

在实际生活中，有时离婚的当事人之一为现役军人——即正在人民解放军或人民武装警察部队服役、具有军籍的人。现役军人担负着保卫祖国、保卫人民的特殊任务，对他们的婚姻进行保护是我国婚姻立法的优良传统，也是十分必要的。我国婚姻法规定，现役军人的配偶要求离婚，须得军人同意。这种对军婚的特殊保护，只适用于非军人一方提起与军人一方的离婚诉讼，不适用双方均为军人的离婚诉讼，也不适用军人一方提起的与非军人一方的离婚诉讼。

另外，我国《婚姻法》和《妇女权益保障法》又明确规定，在离婚问题上要对妇女权益进行特殊保护，即女方按照计划生育的要求中止妊娠的，在手术后 6 个月内，男方不得提出离婚；女方在怀孕期间或分娩后一年内，男方不得提出离婚；以上几个期限内，如女方提出离婚，或人民法院认为确有必要受理男方离婚请求的，不在此限。在一定的期限内限制男方的离婚请求权，有利于妇女的身心健康和胎儿、婴儿的发育和成长，是非常必要的。

经济法

💛 经济法与经济法律关系

经济法是调整国家在管理与协调经济运行过程中发生的经济关系的法律规范的总称。这里所说的管理与协调是指国家作为一种外在力量，主要采取间接的法律手段，对社会经济生活所进行的计划、组织、调节和监督。

经济法的调整对象是国家在管理与协调经济运行过程中发生的经济关系包括以下几个方面：

第一，市场主体调控关系。市场的主体是企业。市场主体调控关系是指国家在对企业的活动进行管理，以及企业自身运行过程中所发生的经济关系。如公司法、全民所有制工业企业法、个人独资企业法、合伙企业法等。

第二，市场运行调控关系，即国家为了建立和维护社会主义市场经济秩序，规范市场主体行为，在行使管理职能时与市场主体发生的关系。这种关系与前一种关系不同，它只是在市场调节失灵的情况下才产生的，例如竞争关系、产品质量关系、价格关系、经济联合关系等。该部分关系主要是依靠市场规律的作用来调整的，但一旦超出了国家法律、政策所允许的范围，国家就必须采取必要的干预手段，以保障市场经济的正常运行。如反不正当竞争法、反垄断法、产品质量法、价格管理法等。

第三，宏观经济调控关系，是指国家从长远和社会公共利益出发，对关系国计民生的重大经济因素，实行全局性的管理过程中与其他社会组织所发生的具有隶属性或指导性的经济关系。如国民经济计划法、金融法等。

第四，社会分配调控关系，是指国家在国民收入进行初次分配和再分配过程中所发生的经济关系。如财政法、税法、工资法等。

如同任何法律一样，经济法的本质是由制定法律的统治阶级及其产生的社会政治、经济制度所决定的。因此，我国经济法是建立在社会主义经济基础之上的统治阶级意志和利益的体现，它的服务目标是保证社会主义市场经济的建立和巩固。

经济法的作用是与经济法的本质和服务目标相一致的，它主要体现在以下方面：

首先，维护和发展社会主义市场经济秩序，保证国家经济发展整体目标的实现。

其次，确立和维护企业的法律地位，为对外开放、对内搞活创造条件。

再次，保护、巩固社会主义公有制，保护多种所有制形式的合法权益，促进生产力的发展。

最后，维护经济秩序，保证国民经济持续、快速、健康发展。

法律关系是出法律规范所确认的，当事人之间的具有权利义务内容的社会关系。不同的社会关系经不同的法律调整形成不同的法律关系，经济法律关系是其中的一种，它是指经济法主体之间依照经济法的规定在进行经济活动时所形成的权利义务关系。

经济法律关系以经济法的存在为前提，而经济法则以客观存在的经济关系为前提。因此，经济法律关系实质上是已被国家认可并法律化的一种经济关系。它既要反映当事人的主观意志，更要反映国家的意志。而且，当事人的意志不能与国家意志相违背。因此，经济法律关系是国家认可并给予保障的思想社会关系。不过，这种思想社会关系也不是随意制造的，而是客观存在的一定经济关系的反映。所以，经济关系是经济法律关系的客观物质基础，经济法律关系则是经济关系在法律上的反映，并对经济关系的存续有很大的反作用。

法律关系的构成要素是指当事人之间构成权利和义务关系必备的基本

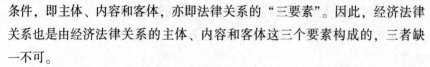

条件，即主体、内容和客体，亦即法律关系的"三要素"。因此，经济法律关系也是由经济法律关系的主体、内容和客体这三个要素构成的，三者缺一不可。

经济法律关系的主体简称经济法主体，是指依法参加经济法律关系，享有经济权利和承担经济义务的当事人。其中，享有经济权利的一方称为权利主体，承担义务的一方称为义务主体。

经济法律关系的内容是指经济法主体依法享有的经济权利和承担的经济义务。它是联系经济法主体之间，以及主体与客体之间的纽带，是经济法律关系实质的核心。

经济法律关系的客体简称为经济法客体，是指经济法主体享有的经济权利和承担的经济义务所共同指向的对象。换言之，就是经济法主体所追求的具体的经济目的或利益。没有经济法律关系的客体，经济法律关系就失去了必要的依附。

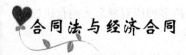

合同法与经济合同

合同法是调整平等主体之间商品交换关系的法律规范的总称。党的十一届三中全会以来，我国先后制定了《经济合同法》（1981年）、《涉外经济合同法》（1985年）和《技术合同法》（1987年）。这三部合同法对保护合同当事人的合法权益，维护社会经济秩序，促进国内经济、技术的交流利对外经济贸易的发展，发挥了重要的作用。但随着改革开放的不断深入和社会经济贸易的不断发展，其越来越不能适应客观实际的需要。1999年3月15日，第九届全国人民代表大会审议通过了《中华人民共和国合同法》（简称《合同法》）。该法自1999年10月1日起施行，原有的三部合同法同时废止。

我国的《合同法》出总则、分则和附则三部分组成，总则主要规定《合同法》的宗旨、基本原则及合同的订立、合同的效力、合同的履行、合同的救济等规范；分则对15种具体的合同予以规定；附则是对合同的施行日期的规定。

《合同法》的调整范围主要有：平等主体之间的民事关系，法人、其他组织之间的合同关系，贷、赠与等合同关系，自然人之间的买卖、租赁、借关系等。

　　另外，在政府机关参与的合同中，政府机关作为平等的主体与对方签订合同时适用《合同法》的规定。其他法律对合同另有规定购，依照其规定；其他法律没有明文规定的合同，适用《合同法》总则的规定。

　　需要指出的是，涉及婚姻、收养、监护等有关身份关系肋协议，不属于《合同法》的调整范围。这是因为这几类关系具有极强的人身性，而人身权利是不可转让的特殊权利，不同于财产权。

　　经济合同是平等民事主体的法人、其他经济组织、个体工商户、农村承包经营户相互之间，为实现一定经济目的，明确相互权利义务关系的协议。包括购销、建设工程承包、加工承揽、货物运输、供用电、仓储保管、财产租赁、借款、财产保险等合同。

　　订立经济合同，必须遵守法律和行政法规，并应遵循平等互利、协商一致的原则。代订经济合同，必须事先取得委托单位的委托证明，并根据授权范围以委托人的名义签订，才对委托人直接产生权利和义务。经济合同应具备的主要条款是：标的（指货物、劳务、工程项目等）、数量和质量、价款或者酬金、履行的期限及地点和方式、违约责任。

　　根据法律规定的或按经济合同性质必须具备的条款，以及当事人一方要求必须规定的条款，也是经济合同的主要条款。当事人双方依法就前列条款协商一致，经济合同就成立。具体实施条例或细则规定，必须签字盖章才能成立的，只有经当事人双方签字盖章后合同才能成立。

　　如双方约定必须经鉴证或公证后才能成立或生效的，则必须履行鉴证或公证手续。经济合同除即时清结者外，应当采用书面形式。

　　为保证经济合同的履行，双方可以协商设定担保措施。如定金、保证、抵押、留置等。采用定金担保的，给付定金的一方不履行合同的，无权请求返还定金，接受定金的一方不履行合同的，应当双倍返还定金。由保证人担保的，保证人应当是具有代偿能力的公民、企业法人以及其他经济组织，国家机关不能担任保证人。当被保证的当事人不履行合同时，按照担保约定由保证人履行或者承担连带责任。

经济合同依法订立，即具有法律约束力，当事人必须全面履行合同规定的义务，任何一方不得擅自变更或解除合同。但发生下述情况之一的，允许变更或解除合同：

1. 当事人双方经协商同意，并且不因此损害国家利益和社会公共利益；

2. 由于不可抗力致使经济合同的全部义务不能履行；

3. 由于另一方在合同约定的期限内没有履行合同。

在第 1 种情况下，要求双方达成变更或解除合同的协议，协议未达成以前，原经济合同仍然有效。在第 2、3 两种情况下当事人一方有权通知另一方解除合同。变更或解除合同的通知或协议，应当采用书面形式。因变更或解除经济合同使一方遭受损失的，除依法可以免除责任的以外，应由责任方负责赔偿。当事人一方发生合并、分立时，由变更后的当事人承担或者分别承担履行合同的义务和享受应有的权利。经济合同不得因承办人或法定代表人的变动而变更或解除。

为严肃合同纪律，违反经济合同的，要承担违约责任。由于当事人一方的过错，造成经济合同不能履行或者不能完全履行，由有过错的一方承担违约责任；如属双方的过错，根据实际情况，由双方分别承担各自应负的违约责任。当事人承担违约责任的方式有违约金、赔偿金、继续履行等。当事人一方违反经济合同时，应向对方支付违约金。如果由于违约已给对方造成的损失超过违约金的，还应进行赔偿，补偿违约金不足的部分。对方要求继续履行的，还应继续履行。违约金、赔偿金应在明确责任后十天内偿付，否则按逾期付款处理。

经济合同发生纠纷时，当事人可以通过协商或者调解解决。当事人不愿通过协商、调解解决或者协商、调解不成的，可以依据合同中的仲裁条款或事后达成的书面仲裁协议，向仲裁机构申请仲裁。没有仲裁条款又无仲裁协议的，可以向人民法院起诉。

经济合同仲裁，实行一裁终局制。其裁决是发生法律效力的裁决，具有强制执行的效力。

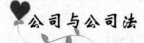 公司与公司法

公司是指依照法定程序设立的以营利为目的具有法人资格的商事组织。

在我国，公司一般指依照《公司法》中国境内设立的有限责任公司和股份有限公司。

公司一般具有以下特征：

第一，营利性。公司是以营利为目的的商事组织而从事连续性的经营活动。

第二，社团性。设立公司的目的即在于获取利润，并为公司是一种联合体，是以人为成员而组成的社团。

第三，法人性。公司是依法设立的，有自己独立的财产，依法独立享有民事权利义务，对外能独立承担民事责任。所以，公司是企业法人。

按照不同的标准进行分类，公司可以有以下几种：

1. 按股东对公司所承担责任的不同，将公司分为有限责任公司、股份有限公司、两合公司等类型。

2. 按公司对外信用基础，公司可分为人合公司和合资公司。

3. 按公司的管辖与被管辖关系，公司可分为总公司和分公司。

4. 按公司的控制与被控制关系，公司可分为母公司和子公司。

5. 我国《公司法》规定的公司，包括有限责任公司和股份有限公司。

公司法是调整公司在设立、变更、终止以及正常运营过程中发生的各种社会关系的法律规范的总称。

1993 年 12 月 29 日，第八届全国人大常委会第五次会议通过并于同日公布了《中华人民共和国公司法》（简称为《公司法》），成为我国第一部规范公司组织及其行为的基本法。该法共 11 章 230 条，规定了我国公司的地位、性质、形式、权利义务、活动原则、组织机构、管理制度等内容，并于 1994 年 7 月 1 日起实施。

1999 年 12 月 25 日，第九届全国人民代表大会常务委员会第十三次会议根据《关于修改〈中华人民共和国公司法〉的决定》，对《公司法》进行第一次修正。

2004 年 8 月 28 日，第十届全国人民代表大会常务委员会第十一次会议根据《第十届全国人民代表大会常务委员会第十一次会议关于修改〈中华人民共和国公司法〉的决定》，对《公司法》进行第二次修正。

2005 年 10 月 27 日，第十届全国人大常委会第十八次会议通过了修订后的《公司法》，国家主席胡锦涛签署第四十二号主席令予以公布。修订后的法律自 2006 年 1 月 1 日起施行，即现行的《公司法》。

反不正当竞争法

为保障社会主义市场经济健康发展，鼓励和保护公平竞争，制止不正当竞争行为，保护经营者和消费者的合法权益，八届全国人大常委会三次会议于 1993 年 9 月 2 日通过了《中华人民共和国反不正当竞争法》，并于 1993 年 12 月 1 日起施行。该法共五章三十三条，主要规定了总则、不正当竞争行为、监督检查、法律责任等内容。

不正当竞争，是指经营者违反法律规定，损害其他经营者的合法权益，扰乱社会经济秩序的行为。经营者包括从事商品经营或者营利性服务的法人、其他经济组织和个人。经营者在市场交易中应当遵循自愿、平等、公平、诚实信用的原则，遵守公认的职业道德。经营者在经营活动中应遵守下列规定，否则即是不正当竞争行为：

1. 经营者不得采用下列不正当手段从事市场交易，损害竞争对手：（1）假冒他人的注册商标；（2）擅自使用知名商品特有的名称、包装、装潢，或者与知名商品近似的名称、包装、装潢，造成和他人的知名商品相混淆，使购买者误认为是该知名商品；（3）擅自使用他人的企业名称或者姓名，引人误认为是他人的商品；（4）在商品上伪造或者冒用认证标志、名优标志等质量标志，伪造产地，对商品质量做引人误解的虚假表示。

2. 公用企业或者其他依法具有独占地位的经营者，不得限定他人购买其指定的经营者的商品，以排挤其他经营者的公平竞争。

3. 政府及其所属部门不得滥用行政权力，限定他人购买其指定的经营者的商品，限制其他经营者正当的经营活动。亦不得滥用行政权力限制外地商品进入本地市场，或者本地商品流向外地市场。

4. 经营者不得采用购物或者其他手段进行贿赂以销售或者购买商品。在帐外暗中给予对方单位或者个人回扣的，以行贿论处；对方单位或者个人在帐外暗中收受回扣的，以受贿论处。经营者销售或者购买商品，可以以明示方式给对方折扣，可以给中间人佣金，但必须如实入帐。接受折扣、佣金的经营者也必须如实入帐。

5. 经营者不得利用广告或者其他方法，对商品的质量、制作成分、性能、用途、生产者、有效期限、产地等做引人误解的虚假宣传。广告的经营者不得在明知或者应知的情况下，代理、设计、发布虚假广告。

6. 经营者不得侵犯他人的商业秘密。侵犯他人的商业秘密有三种情况：(1) 以盗窃、利诱、胁迫或者其他不正当手段获取权利人的商业秘密；(2) 披露、使用或者允许他人使用以前项手段获取的权利人的商业秘密；(3) 违反约定或违反权利人有关保守商业秘密的要求，披露、使用或允许他人使用其所掌握的商业秘密。第三人明知或者应知前款所列违法行为，获取、使用或者披露他人的商业秘密，视为侵犯商业秘密。商业秘密是指不为公众所知悉、能为权利人带来经济利益、具有实用性并经权利人采取保密措施的技术信息和经营信息。

7. 经营者不得以排挤竞争对方为目的，以低于成本的价格销售商品。但下列情况除外：(1) 销售鲜活商品；(2) 处理有效期限即将到期的商品或者其他积压的商品；(3) 季节性降价；(4) 因清偿债务、转产、歇业降价销售商品。

8. 经营者销售商品，不得违背购买者意愿搭售商品或者附加其他不合理的条件。

9. 经营者不得从事下列有奖销售：(1) 采用谎称有奖或者故意让内定人员中奖的欺骗方式进行有奖销售；(2) 利用有奖销售的手段推销质次价高的商品；(3) 抽奖式的有奖销售，最高奖的金额超过五千元。

10. 经营者不得捏造、散布虚伪事实，损害竞争对手的商业信誉、商品声誉。

11. 投标者不得串通投标、抬高标价或者压低标价。投标者和招标者不得相互勾结，以排挤竞争对手的公平竞争。对实施不正当竞争行为的经营者，《反不正当竞争法》第四章规定了严格的法律责任。包括经济责任、行政责任和刑事责任。

消费者权益保护法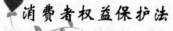

为保护消费者的合法权益，维护社会经济秩序，促进社会主义市场经济的健康发展，1993年10月31日第八届全国人大常委会四次会议通过了《中华人民共和国消费者权益保护法》。该法明文规定，国家保护消费者的合法权益不受侵害，保护消费者的合法权益是全社会的共同责任。

消费者为生活需要购买、使用商品或接受服务时，享有以下权利：

1. 消费者在购买、使用商品和接受服务时享有人身、财产安全不受损害的权利。消费者有权要求经营者提供的商品和服务，符合保障人身、财产安全的要求。

2. 消费者享有知悉其购买、使用的商品或者接受的服务的真实情况的权利。消费者有权根据商品或者服务的不同情况，要求经营者提供商品的价格、产地、生产者、用途、性能、规格、等级、主要成分、生产日期、有效期限、检验合格证明、使用方法说明书、售后服务，或者服务的内容、规格、费用等有关情况。

3. 消费者享有自主选择商品或者服务的权利。消费者有权自主选择提供商品或服务的经营者，自主选择商品品种或者服务方式，自主决定购买或者不购买任何一种商品、接受或者不接受任何一种服务。消费者在自主选择商品和服务时，有权进行比较、鉴别和挑选。

4. 消费者享有公平交易的权利。消费者在购买商品或者接受服务时，有权获得质量保障、价格合理、计量正确等公平交易条件，有权拒绝经营者的强制交易行为。

5. 消费者因购买、使用商品或者接受服务受到人身、财产损害的，享有依法获得赔偿的权利。

6. 消费者享有依法成立维护自身合法权益的社会团体的权利。

7. 消费者享有获得有关消费和消费者权益保护方面的知识的权利。消费者应努力掌握所需商品或者服务的知识和使用技能，正确使用商品，提高自我保护意识。

8. 消费者在购买、使用商品和接受服务时，享有其人格尊严、民族风俗习惯得到尊重的权利。

9. 消费者享有对商品和服务以及对消费者权益工作进行监督的权利。消费者有权检举控告侵害消费者权益的行为和国家机关及其工作人员在保护消费者权益工作中的违法失职行为，有权对保护消费者权益的工作提出批评、建议。

为保证消费者权利的实现，《消费者权益保护法》规定了经营者应尽的十条法定义务。并规定了经营者的法律责任。如果消费者和经营者发生消费者权益争议的，可以通过下列途径解决：与经营者协商和解；请求消费者协会调解；向有关行政部门申诉；根据与经营者达成的仲裁协议提请仲裁机构仲裁；向人民法院提起诉讼。

消费者在购买、使用商品时，其合法权益受到损害的，可以向销售者要求赔偿。销售者赔偿后，属于生产者的责任或者属于向销售者提供商品的其他销售者的责任的，销售者有权向生产者或其他销售者追偿。消费者或者其他受害人因商品缺陷造成人身、财产损害的，可以向销售者要求赔偿，也可以向生产者要求赔偿。属于生产者责任的，销售者赔偿后，有权向生产者追偿，属于销售者责任的，生产者赔偿后，有权向销售者追偿。消费者在接受服务时，其合法权益受到损害的，可以向服务者要求赔偿。

预算法和税法

预算又称国家预算，是指经过法定程序制定的国家机关对未来收入和支出的预计方案。换言之，预算是经法定程序批准的、国家在一定期间内预定的收支计划。国家预算是国家以年度财政收支计划的形式，对依法征集的部分国民收入进行集中统一分配的活动，是国家职能的一项十分重要和基本的方面。

预算法是调整国家在协调经济运行过程中发生的预算关系的法律规范的总称。所谓预算关系，是指国家各级财政为了有计划地集中和分配资金，根据国家预算，在各级财政之间、各级财政同各部门预算单位之间以及各部门预算单位上下级之间发生的组织预算收入、拨付预算资金和进行年终决算的关系。

我国十分重视预算的立法工作。《中华人民共和国预算法》由第八届全国人民代表大会第二次会议于 1994 年 3 月 22 日通过，自 1995 年 1 月 1 日起施行。其立法宗旨是强化预算的分配和监督职能，健全国家对预算的管理，加强国家宏观调控，保障经济和社会健康发展。

国家预算体系，是指预算的组成环节及其相互关系。我国的国家预算体系是按国家政权结构所确立的各级预算的统一整体。

国家实行一级政府一级预算，设立中央，省、自治区、直辖市，设区的市、自治州，县、自治县、不设区的市、市辖区，乡、民族乡、镇五级预算。不具备设立预算条件的乡、民族乡、镇，经省、自治区、直辖市政府确定，可以暂不设立预算。因此，我国国家预算体系由中央政府预算（或中央预算）和地方预算组成。

中央预算由中央各部门（包括直属单位）的预算组成。地方预算由各省、自治区、直辖市总预算组成。地方各级总预算由本级政府预算和汇总的下一级总预算组成。地方各级政府预算由本级各部门（含直属单位）的预算组成。各部门预算由本部门所属各单位预算组成。单位预算，是指列入部门预算的国家机关、社会团体和其他单位的收支预算。

税法是国家制定的调整税收征纳关系的法律规范的总称。所谓税收征纳关系，是指国家为了实现其职能，由代表国家行使征税权的税务机关向负有纳税义务的社会组织和个人无偿地征收货币或实物的关系。概括起来，我国税法的调整对象包括两方面关系：一是税务机关与经济组织、公民个人之间的征纳关系；二是国家权力机关与国家行政机关之间、上级国家税务机关与下级国家税务机关之间因税收管理权限的划分所产生的经济管理关系。

新中国成立 60 多年来，我国税收法律制度的建设经历了一个多次调整、改革，逐步完善的过程。现行税制是在 1983 年利改税的两步改革后，适应计划经济向社会主义市场经济转变的需要再次进行改革的结果。这次税制改革的指导思想是：统一税法，公平税负，简化税制，合理分权，理顺分配关系，规范分配方式，保障财政收入，建立符合社会主义市场经济要求

法律知识一本通

FALV ZHISHI YIBENTONG

的税制体系。现行税制是从1994年1月1日起开始施行的。

税法是由一系列单行的税收法规组成的。税收法规对一定的税种做出的具体规定，内容虽然各有不同，但在结构上都有一些共同的要素。税法的构成要素包括：纳税主体、征税客体、税率、纳税环节、纳税期限、减税免税、违章处理。

纳税主体又称纳税人，是指税法规定直接负有纳税义务的社会组织和个人。纳税人是按税种分别确定的。当主体符合这一特定资格，就要依法履行纳税义务。

征税客体又称征税对象，是指税法规定的课税目的物，它具体指明了财政收入的多少和纳税人税负的大小，是发挥税收经济杠杆作用的主要手段。税率是应征税额与计税金额之间的比例，是计算税额的尺度。税率的高低直接体现国家的要求，直接关系到国家财政收入的多少和纳税人的负担程度，是税收法律制度中的核心要素。我国现行税法规定的税率有比例税率、累进税率、定额税率三种基本形式。比例税率是对同一征税对象不论数额大小，都按同一比例征税的税率。累进税率是根据征税对象数额的大小不同规定不同等级的税率，每一等级规定逐级上升的征税比例的税率。累进税率可分为全额累进税率、超额累进税率和超率累进税率三种，目前我国税收法律制度中已不采用全额累进税率。定额税率又称固定税额，是对单位征税对象直接规定固定的征税数额的一种税率。纳税环节，是指应税商品在其整个流转过程中，税法规定应当缴纳税款的环节。

纳税期限，是指税法规定纳税人缴纳税款的具体期限。它是税收固定性特点在时间上的体现。

减税、免税，是指税法对特定的纳税人或征税对象予以鼓励和照顾，减轻或免除其一定的税收负担。

违法处理即规定对各种违反税法的行为适用的罚则以及相应的处理程序。

根据征税客体性质的不同，我国税收可以分为五类：流转税、所得税、资源税、财产税以及行为目的税。

流转税是以商品流转额和非商品流转额为征税对象的一系列税种的总称，它包括增值税、消费税、营业税、关税。所得税是对企业、其他经济组织及个人的所得额征收的各税种的统称，包括企业所得税、个人所得税、外商投资企业和外国企业所得税。资源税是以资源为征税对象的各种税的总称，包括资源税、土地税（土地使用税和土地增值税）、农业税。财产税是以法人和自然人所拥有或支配的财产为征税对象而征收的各税种的统称，包括房产税、车船税、遗产税、契税。行为目的税是国家为达到某种目的，以法人、自然人的某些特定行为为征税对象而征收的各税种的总称，它包括印花税、投资方向调节税、城乡维护建设税、屠宰税、筵席税、证券交易税等。

税收征收管理制度是税务机关代表国家行使征税权，指导纳税人正确履行纳税义务，对日常税收活动进行组织、管理、监督和检查的法律制度。它是保证税法得以实施和加强税收活动法制化的一个重要方式。《中华人民共和国税收征收管理法》由第七届全国人大常委会第二十七次会议于 1992 年 9 月 4 日审议通过，并于 1993 年 1 月 1 日起施行。现行的《税收征管法》，经过了 1995 年和 2001 年的两次修改。

《税收征管法》的适用范围，在其第二条中作了规定："凡依法由税务机关征收的各种税收的税收管理，均适用本法。"

税务管理是《税收征管法》的核心内容。税务管理包括税务登记，账簿、凭证管理以及纳税申报三个方面。

违反税法的行为主要包括以下几种：

1. 纳税人未按规定办理税务登记、变更或者注销登记，未按规定设置、保管账簿或保管记账凭证和有关资料，未按规定将财务、会计制度或财务会计处理办法报送税务机关备查，未按规定保管代扣代缴、代收代缴税款账簿或者保管有关税款记账凭证及有关资料，未按规定期限向税务机关报送代扣代缴、代收代缴税款报告表。

2. 欠税行为。欠税是纳税人、扣缴义务人超过规定的期限不缴或者少缴应纳或者应解缴税款的行为。

3. 偷税行为。偷税是纳税主体故意违反税法，采取欺骗、隐瞒等手段逃避纳税的行为。如纳税人采取仿造、变造、隐匿、擅自销毁账簿和记账凭证，在账簿上多列支出或者不列、少列收入，或者进行虚假的纳税申报手段，不缴或者少缴应纳税款的行为。

4. 抗税行为。抗税是指纳税人公然违反税法，拒绝履行纳税义务的行为，如以暴力、威胁方法拒不缴纳税款。

5. 税务人员利用职务之便，收受或索取财物、玩忽职守、滥用职权的行为。

对违反税法行为主要采取以下几种处理方式：

1. 经济制裁。这是对违反税法的自然人或法人，在强制其补偿国家的经济损失的基础上，对其实施的经济惩罚。对违反税法的纳税人和扣缴义务人给予经济制裁，一般有加收滞纳金和罚款两种制裁方式。罚款又分两种形式：一种是处以一定数额的罚款。如纳税人未按规定的期限办理纳税申报的，税务机关责令限期改正，可以处以二千元以下的罚款；逾期不改正的，可以处以二千元以上、一万元以下的罚款。另一种是按偷税、抗税数额，处以若干倍的罚款。如偷税额不满一万元或者偷税数额占应纳税额不到百分之十的，由税务机关追缴其偷税款，处以偷税数额五倍以下罚款。

2. 行政制裁。这是对违反税法的纳税人、扣缴义务人及其有关责任人员，由税务机关或由税务机关提请有关部门，依照行政程序给予行政处分。如书面通知未按规定期限缴纳或解缴税款的纳税人、扣缴义务人的开户银行或者其他金融机构从其存款中扣缴税款；对违法单位进行批评警告、停业整顿或吊销营业执照；对直接责任人员给予警告、记过、撤职或开除公职等处分。

3. 刑事制裁。这是对违反税法情节严重，触犯刑律，构成犯罪，需要追究刑事责任的人员，由司法机关依法给予的刑事处罚。

劳动法与社会保障法

劳动法是调整劳动关系以及与劳动关系密切联系的其他社会关系的法律规范的总称。劳动法的概念可以作狭义和广义的理解。狭义上的劳动法是劳动法这个法律部门中的基本法，即《劳动法》。广义上的劳动法是指各种调整劳动关系的法律规范的总和，它包括《劳动法》，也包括《宪法》中关于调整劳动关系的条款和国家最高权力机关颁布的其他法律文件中有关劳动关系的规定，还包括国务院在不同时期颁布的调整劳动关系的行政法规以及国家各部委发布的有关劳动关系的规章、规则，以及调整劳动关系的地方法规。

《劳动法》第二条规定："在中华人民共和国境内的企业、个体经济组织（以下统称用人单位）和与之形成劳动关系的劳动者，适用本法。国家机关、事业组织、社会团体和与之建立劳动合同关系的劳动者，依照本法执行。"根据这一规定，《劳动法》的适用范围如下：

1. 国境内的所有用人单位。这体现了法学理论关于主权国家的法律在其主权范围内普遍适用的原则。

2. 各种所有制性质的用人单位。除个别单行劳动法规之外，其他劳动立法一般也都应适用于调整各种所有制性质的用人单位中的劳动关系，以最大范围地保护劳动者利益。

3. 各种不同社会职能的用人单位。各种社会组织依据其设立的目的和活动内容，可以分为企业单位、事业单位、国家机关、社会团体，但它们均应适用于《劳动法》。

4. 各种不同职业的劳动者。不论他们的职业性质如何，他们与用人单位之间的劳动关系都应适用《劳动法》的规定，其权利受劳动法的保护。

劳动者的基本权利是法律赋予劳动者在劳动关系方面享有的权益。《劳动法》依据宪法确定的原则，规定劳动者享有下列广泛权利。

劳动权是保证有劳动能力的公民获得参加社会劳动的机会，并领取相应的劳动报酬的权利。劳动权是劳动者最重要的权利，是其他一切权利的基础，劳动者的其他权利都是从劳动权派生的。没有劳动权，其他基本权利就不能实现。

劳动权突出地表现为劳动就业权，为此，《劳动法》第三条规定："劳动者享有平等就业和选择职业的权利。"第四条规定："用人单位应当依法建立和完善规章制度，保障劳动者享有劳动权利和履行劳动义务。"第十条又进一步规定："国家通过促进经济和社会发展，创造就业条件，扩大就业机会。"这些规定，都充分体现了国家对劳动者就业权的保障。

劳动报酬是劳动者提供一定种类和一定数量、质量的劳动后所获得的物质利益。劳动法所调整的劳动报酬是狭义上的劳动报酬，专指劳动者直接基于劳动关系而获取的各种形式的物质补偿。如劳动者从其所在的用人单位领取的工资、奖金、津贴等。每一个劳动者都有权根据自己提供的劳动依据法律或劳动合同规定，从其所在的用人单位领取相应的劳动报酬。用人单位不得以任何借口减少、克扣或拖欠甚至拒绝支付劳动者的劳动报酬。

我国实行劳动者每日工作不超过 8 小时，平均每周工作不超过 40 小时的工时制度，劳动者在法定的工作时间劳动之后，享有不劳动而自行支配时间，用于休息或从事其他活动的权利。

获得劳动安全卫生保护权也是劳动者基本权利之一。这是指劳动者享有在劳动过程中要求改善劳动条件，以使自己的身体健康和生命安全得到有效保护的权利。同时也意味着劳动者所在的用人单位有义务确保劳动者在劳动过程中的健康和安全。

劳动者有接受职业技能培训的权利。这是指劳动者享有参加其职业所必需的，提高劳动技能或就业能力的各种业务学习和进修的权利。

劳动者有享受社会保险、福利权。这是指劳动者享有接受国家和用人单位提供的福利设施和各种福利待遇，在年老、患病、工伤、失业、生育和丧失劳动能力的情况下获得帮助和补偿的权利。

劳动者有提请劳动争议处理权。这是指劳动者和其所在的用人单位发生劳动争议时，可以向有关部门申诉反映情况，提请处理。或者依照处理劳动争议的法定程序，申请调解、仲裁和提起诉讼的权利。

劳动者有依法组织和参加工会权。工会是职工自愿结合的工人阶级的群众组织。《工会法》和《劳动法》对劳动者有依法参加和组织工会的权利有明确的规定，以使劳动者的合法权益得到自己组织的维护。

劳动者参加民主管理权。劳动者参加民主管理，可以有效地进行民主监督，促进企业管理科学化，充分体现劳动者的主人翁地位。

此外，鉴于女职工和未成年工的特殊利益，我国《劳动法》还规定了女职工和未成年工的特殊保护权，包括禁止安排他们从事所禁忌的劳动，享受特殊假期和健康检查等权利。

《劳动法》在规定劳动者享有广泛权利的同时，也对劳动者应承担的基本义务做了必要的规定，主要有以下一些。

1. 完成劳动任务的义务。

2. 提高职业技能的义务。

3. 执行劳动安全卫生规程的义务。

4. 遵守劳动纪律的义务。

5. 遵守职业道德的义务。

违法责任，是指劳动法律关系双方当事人违反劳动法律、法规，造成一定后果而应承担的法律责任。违反劳动法规所应负的责任主要有经济赔偿责任、行政责任和刑事责任三种。

1. 经济赔偿责任。这是单位行政领导与职工因违反劳动法规的错误行为，给国家、集体财产造成一定物质损失而应承担的法律责任。经济赔偿责任的种类包括赔偿损失、降薪、罚款。

2. 行政责任。这是指因违反劳动法规，并造成或足以造成一定后果，但尚未构成犯罪的行为所应承担的一种法律责任。其制裁形式有行政处分和行政处罚两种。

3. 刑事责任。这是指企业领导违反劳动法规，情节、后果严重，触犯刑律，构成犯罪，应给予其刑事处罚的法律责任。

社会保障法，是指国家和社会为保证市场经济运行的有序性，从社会整体利益出发，为维持社会安定，维护劳动者和其他需要救助的社会成员的合法权益而设立的法律规范的总称。社会保障法律体系包括社会保险、社会救济、社会福利、优抚安置和社会互助、个人储蓄积累保障等方面的法律内容。

社会救济是国家对那些因社会、自然、经济、个人生理和心理等原因而造成生活困难，以致无法正常生存的公民给予资金或物质帮助，使其克服困难，摆脱困境的一种社会保障制度。社会保险是由国家通过立法形式，为依靠劳动收入生活的工作人员及其家属保持基本生活条件，促进社会安定而举办的强制性保险。它包括工伤、疾病、老年、失业、生育和死亡等保险。社会福利是国家和社会根据需要与可能，在法律和政策范围内，通过一定形式向人民提供物质帮助和优质服务的社会性制度。社会优抚是国家和社会按照规定，对法定的优抚对象，如现役军人

及其家属、退休和退伍军人及烈属等，为保证其一定生活水平而提供的资助和服务。

建立健全的社会保障法律规范体系，对市场经济发展的重要意义具体表现在以下几方面。

1. 社会保障法的建立和完善是企业转换经营机制、深化企业改革、提高经济效益的重要条件。市场经济要求各企业充分发挥其活力和市场竞争力，这就需要建立平等的竞争环境，改革劳动用工制度，引入破产、兼并机制，不再包办社会服务。企业要走向市场必须轻装，而这一切都需要建立社会保障体系，把应由社会负责的事情管起来。只有这样，才能促进企业改革，才能集中人力、财力和精力搞好生产和经营，投入竞争的市场。

2. 社会保障法律的发展和完善，可以使劳动者个人在市场经济条件下摆脱工伤、疾病、年老等引起的精神或费用等方面的困扰，解除个人或家庭的后顾之忧。让劳动者病有所医、伤有所疗、老有所养，不因突发事件而忧虑，有利于劳动者个人和家庭成员心绪稳定和社会安全。

3. 社会保障法律规范的发展和完善，是政府精简机构，改变职能的重要条件。在建立市场经济的过程中与企业转换机制的同时，要求政府精简机构，转变职能，提高效率，这样必然要撤销一些部门，精减多余人员。社会保障体系的建立将对从国家机关和事业单位分流出来的人员再就业、接受转业训练和保障其失业期间的基本生活需要，以及退休养老等起积极的作用。同时，可使政府摆脱一些社会问题的负担，集中精力组织管理好经济建设，提高政府管理效率。

怎样申请专利

专利法是调整因确认和保护发明创造专有权以及因利用专有的发明创造而产生的社会关系的法律规范的总称。

我国的专利法主要指 1984 年 3 月 12 日全国六届人大常委会第四次会议通过，1992 年 9 月 4 日、2000 年 8 月 25 日和 2008 年 12 月 27 日 3 次修订的《中华人民共和国专利法》（以下简称《专利法》），以及 1985 年 1 月 19 日

国务院批准中国国家专利局发布、1992年12月21日和2001年6月15日两次修订的《中华人民共和国专利法实施细则》（以下简称《专利法实施细则》）等相关配套法规。

专利权是指国家专利主管机关依法批准发明创造人在一定期限内对其发明创造成果所享有的占有、使用、有偿转让的专有权利，并受法律保护。

专利权具有三个法律特征：

第一，独占性。专利权是一种专有权，具有鲜明的排他性。一旦专利故人依法取得专利权，其他人就不得再取得同项发明创造的专利权。未经专利权人同意，任何人均不得行使其专利，否则就是侵权，要受到法律制裁。

第二，地域性。一个国家授予的专利权，只在该国领域内有效权，如果要在其他国家获得专利，必须依该国法律提出申请和得到批准。

第三，时间性。专利权是一种有期限的保护，期限届满后专利权即告终止，其有关的技术即成为社会共有财富，任何人都可使用。

那么，如何才能获得专利呢？专利申请人，指哪些人可以申请专利。职务发明创造，申请专利的权利属于该单位；非职务发明创造，申请专利的权利属于发明人或设计人。所谓职务发明创造是指执行本单位的任务或者主要利用本单位的物质技术条件所完成的发明创造。两个以上单位或者个人合作完成的发明创造、一个单位或者个人接受其他单位或个人委托所完成的发明创造，除另有协议的以外，申请专利的权利属于完成或者共同完成的单位或者个人。此外在中国境内经常居住或者营业的外国公民和法人可以在中国申请专利。其他外国人、外国企业或者外国其他组织在中国申请专利的，依照其所属国同中国签订的协议或者共同参加的国际条约，或者依照互惠原则办理。

我国专利法所保护的发明创造，仅限于发明、实用新型和外观设计。发明是指对产品、方法或者其改进所提出的新的技术方案。包括产品发明和方法发明。实用新型是指对产品的形状、构造或者其结合所提出的适于实用的新的技术方案。外观设计是指对产品的形状、图案、色彩或者结合所做出的富于美感并适于工业上应用的新设计。下列智力成果不给予专利保护：科学发现、智力活动的规则和方法、疾病的诊断和治疗方法、动物

和植物品种、用原子核变换方法获得的物质。

授予专利权的发明、实用新型，应当具备新颖性、创造性和实用性。新颖性是指在申请日以前没有同样的发明和实用新型在国内外出版物上公开发表过，没有在国内公开使用过或者以其他方式为公众所知，也没有同样的发明或者实用新型由他人向专利局提出过申请并且记载在申请日以后公布的专利申请文件中。创造性，是指同申请日以前已有的技术相比，该发明有突出的实质性特点和显著的进步，该实用新型有实质性特点和进步。实用性，是指该发明或者实用新型能够制造或者使用，并且能够产生积极的效果。授予专利权的外观设计，应当同申请日以前在国内外出版物上公开发表过或国内公开使用过的外观设计不相同或者不相近似。

一项发明创造是否申请专利，要考虑几个因素：一是该发明创造本身的难度，如果在近几十年内，他人不可能有相同的发明创造，那么可以不申请专利，而作为专有技术拥有。因为一旦申请专利。专利权的保护期是有限的，我国发明专利的有效期为 20 年，实用新型、外观设计专利的有效期为 10 年。有效期届满，任何单位和个人都可以无偿使用该技术，即便是在专利权的有效期内，专利局根据具备实施条件的单位的申请，可以给予实施发明或者实用新型专利的强制许可。如美国"可口可乐"饮料的配方这一技术秘密，上百年来，一直无人能突破。作为该公司的专有技术而垄断使用。但专有技术需要很强的保密措施，一旦泄密，专有技术将不复存在。如一项发明创造难度不大，在近几年内他人也能搞出相同的发明创造，那么就要抓紧申请专利。二是要考虑申请专利是否具有经济效益。申请专利需要一定的费用，比如检索费、代理费、审查费等，获得专利权的，每年还要缴纳专利年费，这些开支以及为发明创造所做的投入能否得到补偿，关键是该项发明创造能否被应用而发生经济效益。目前发达国家的专利技术利用率都不足 30%，在我国专利技术转化为生产力的就更少。所以，如果事先不论证其经济效益，可能是获得了专利权，但却无人问津，得不偿失。

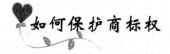

如何保护商标权

商标是商品或者服务的标记。商品商标俗称牌子，是商品的生产者或

经营者为了使自己生产、制造、加工、拣选或销售的商品，与他人生产、制造、加工、拣选或销售的商品相区别的标记。服务商标是提供服务项目的企事业单位和个体工商业者所使用的特殊标志，如银行、铁路、保险、旅游等行业所使用的标志。

商标是商品经济的产物。商标除了区别不同的商品生产者和经营者这一基本功能之外，商标可以在商品交易中产生信誉，反映商品的质量，因此人们往往习惯于指牌购货。

商标的结构主要包括文字商标、图形商标以及文字和图形的组合商标。其中最常见的是组合商标。商标使用的文字、图形及其组合，应当具有显著特征、便于识别。否则容易造成误认、误购。下列文字、图形不得作为商标使用：

1. 同中华人民共和国的国家名称、国旗、国徽、军旗、勋章相同或者近似的，以及同中央国家机关所在地特定地点、或者标志建筑物的名称、图形相同的；

2. 同外国的国家名称、国旗、国徽、军旗相同或者近似的，但该国政府同意除外；

3. 同政府间国际组织的旗帜、徽记、名称相同或者近似的，但经该组织同意或者不易误导公众的除外；

4. 与表明实施控制、予以保证的官方标志、检验印证相同或者相近似的，但经授权的除外；

5. 同"红十字"、"红新月"的标志、名称相同或者近似的；

6. 带有民族歧视性的；

7. 夸大宣传并带有欺骗性的；

8. 有害于社会主义道德风尚或者有其他不良影响的。

县级以上行政区划的地名或公众知晓的外国地名，不得作为商标，但是，地名具有其他含义或者作为集体商标、证明商标组成部分的除外；已经注册的使用地名的商标继续有效。

商标分为注册商标与未注册商标。因为我国商标注册的原则是以自愿注册为主，强制注册为补充。除国家规定并由国家工商行政管理局公布的人用药品和烟草制品，以及由国家工商行政管理局公布的必须使用注册商

标的其他商品必须使用注册商标以外，其他商标使用人是否将其商标注册，凭其自愿。需要取得商标专用权的，可向商标局申请注册。但是，未注册商标因不享有法律赋予的商标专用权，不受法律保护。既然不具有排他性，任何人都可以使用。况且随时有可能因与他人注册使用在相同或者类似商品上的商标相同或近似，而被禁止使用。所以商标使用人对商标是否注册进行决策时要充分考虑到所使用商标的市场潜力和市场竞争力，适时的申请注册。否则，因注册不及时被他人抢先注册，就失去了商标使用权，因为我国商标注册的另一原则是申请在先为主，使用在先为补充。

商标经核准注册后，在使用时应当标明"注册商标"字样或者标明注册标记注或 R。在商品上不便标明的，应当在商品包装或者说明书以及其他附着物上标明。注册商标的有效期为十年，自核准注册之日起计算。期满需要继续使用的，应当在期满前六个月申请续展注册；在此期间未能提出申请的，可以给予六个月的宽限期。每次续展注册的有效期为十年。

商标注册人的权利，包括商标专用权、注册商标转让权、使用许可权。下列行为属于商标侵权行为：

1. 未经商标注册人的许可，在同一种商品或者类似商品上使用与其注册商标相同或者近似的商标的；

2. 销售侵犯注册商标专用权的商品的；

3. 伪造、擅自制造他人注册商标标识或者销售伪造、擅自制造的注册商标标识的；

4. 未经商标注册人同意，更换其注册商标并将该更换商标的商品又投入市场的；

5. 给他人的注册商标专用权造成其他损害的。

对于商标侵权行为，被侵权人可以向县级以上工商行政管理部门要求处理，也可以直接向人民法院起诉。

诉讼法

什么叫做行政诉讼

　　行政诉讼是指公民、法人或者其他组织认为行政机关的具体行政行为侵犯其合法权益，在法定期限内依法向人民法院起诉，由人民法院依法进行审理和裁决的活动。

　　行政诉讼具有以下特征：第一，原告是公民、法人或者其他组织，即行政管理相对人，也就是所有受行政机关管理的人或组织。通常情况下，原告只能是行政机关及其工作人员做出的具体行政行为所针对的对象。例如，公安局拘留了某甲，某甲就可以作为原告，针对公安局的行政拘留行为提起行政诉讼。

　　第二，被告是做出具体行政行为的国家行政机关或者法律、法规授权的组织。前者是指我国的各级人民政府及其工作部门；后者是指本不属于国家行政机关，没有行政管理权，但因某个法律或者法规有特别授权而享有一定行政管理权的非政权组织。例如，卫生防疫站因有《食品卫生法》的特别授权，而享有了食品卫生方面的执法和处罚工作，尽管它不是行政机关，但也可以成为被告。

　　第三，行政诉讼的标的是具体行政行为，而不是抽象行政行为，即不是行政机关制定普遍性行为准则的行为。具体行政行为是指国家行政机关和行政机关工作人员、法律法规授权的组织、行政机关委托的组织或者个人在行政管理活动中行使行政职权，针对特定的公民、法人或者其他组织，就特定的具体事项，做出的有关该公民、法人或者其他组织权利义务的单方行为。在行政执法实践中，具体行政行为可以表现为书面决定，也可以表现为某个行为。行为又包括作为和不作为，不作为是指行政机关消极地不履行法定职责的行为。

第四，必须是法律、法规规定可以向人民法院起诉的行政争议案件，即属于人民法院的受案范围。

第五，必须在法律、法规规定的期限内向有管辖权的人民法院起诉，即没有超过起诉期限并属于受诉人民法院管辖。

这一问题的实质是行政诉讼的受案范围。其目的是界定行政机关的哪些具体行政行为依法应接受人民法院的司法审查。根据有关法律规定，人民法院受理公民、法人或者其他组织对下列具体行政行为不服提起的行政诉讼：

1. 对拘留、罚款、吊销许可证和执照、责令停产停业、没收财物等行政处罚不服的。行政处罚是行政机关和法律、法规授权的组织依法对违反法律、法规和规章的公民、法人或者其他组织的惩戒性制裁，其形式除上述所列外，还包括通报、警告、取消荣誉称号、销毁禁止生产经营的食品、追缴和没收非法所得、没收违禁物品、对不合格产品责令停止销售、限期治理、限期拆除、限期出境或者驱逐出境等。

2. 对限制人身自由或者对财产的查封、扣押、冻结等行政强制措施不服的。行政强制措施是指行政机关依法对公民采取的限制人身自由或者对公民、法人、其他组织的财产限制其保持一定状态的强制手段。我国的财产强制措施包括对财产的查封、扣押、冻结、变卖和拍卖。限制人身自由的强制措施包括收容审查、劳动教养、妇女教养、收容教育、强制戒毒、强制遣送、强制约束、强制带离现场、强制隔离治疗、扣留等。

3. 认为行政机关侵犯法律规定的经营自主权的。经营自主权是经济活动主体依法享有的一项基本权利，包括经营主体对财产的占有权和自主使用权、对收益的自主支配权、对资产的处分权。经营自主权不受非法干预。行政机关干预经营自主权通常最容易发生的情况有：把企业依法占有的资产硬性地无偿调往其他企业；妨碍承包经营和租赁经营权的正常行使；乱下计划，非法干预企业从事正常的生产经营活动；不按规定办事，随便派驻人员检查企业活动；禁止或强迫所管辖的企业与其他地区和部门的企业进行联合。

4. 认为符合法定条件申请行政机关颁发许可证和执照，行政机关拒绝颁发或者不予答复的。行政机关颁发许可证和执照是应公民、法人或者其他组织的请求，做出准许申请人从事某种活动的具体行政行为。公民、法人或者其他组织申请颁发许可证和执照，必须符合下列法定条件：被申请的行政机关必须是法律、法规和规章规定的有权颁发许可证的行政机关；申请人必须在法定许可范围内申请许可；申请人必须具有相应的行为能力；申请必须符合法定的形式要件；法定的其他条件，如配额限制等。主管行政机关对申请人的许可申请要进行认真的审查，认定符合法定条件的才予以批准，并颁发许可证和执照。公民、法人或者其他组织认为自己符合法定条件申请主管行政机关颁发许可证或执照，主管行政机关如果明确表示拒绝颁发，或者在法定期限内既不拒绝也不肯定，申请人可以依法提起行政诉讼。

5. 申请行政机关履行保护人身权、财产权的法定职责，行政机关拒绝履行或者不予答复的。行政机关的法定职责既是行政机关的法定权力，又是行政机关的法定义务。对于负有保护人身权、财产权法定职责的行政机关来说，在其履行法定职责的法定条件具备时，必须依法及时履行职责。否则，将构成行政失职。应当指出，行政机关的职责是由法律、法规或者规章所规定的，不同的行政机关有着不同的职责，并非所有的行政机关都负有保护人身权、财产权的职责。如果向不负保护人身权、财产权的职责的行政机关请求保护而遭到拒绝，不能提起行政诉讼。

6. 认为行政机关没有依法发给抚恤金的。抚恤金是公民因公致残或死亡时，发给本人或家属，用以维持本人或其家属日常生活的费用。本项所指抚恤金必须具备两个特征：

第一，抚恤金必须是法律、法规规定的。如果法律、法规未做规定，要求行政机关发给抚恤金遭到拒绝，不能提起行政诉讼。

第二，抚恤金必须是法律、法规规定由行政机关发给的抚恤金。对依法应该由企事业单位发给的抚恤金，企事业单位没有发给，不能提起行政诉讼。

7. 认为行政机关违法要求履行义务的。公民、法人或者其他组织应当承担何种义务，由法律、法规、规章加以明确规定。行政机关要求公民、法人或者其他组织履行义务，必须有明确的法律依据。行政机关如果非法对公民、法人或者其他组织科以义务，公民、法人或者其他组织可以提起行政诉讼。应当指出，行政机关违法要求履行义务是指行政机关行使行政权力，违法要求公民、法人或者其他组织履行义务，包括乱摊派、乱收费、乱罚款。如果行政机关不是运用行政权力，而是用请求公民、法人或者其他组织"赞助"的方式索取钱物，不能提起行政诉讼。

8. 认为行政机关侵犯其人身权、财产权的。只要公民、法人或者其他组织的人身权和财产权受到了行政机关及其工作人员做出的具体行政行为侵犯，都可以提起行政诉讼。这里的人身权是指与人身相联系的没有直接财产内容的权利，包括生命健康权、姓名权、名称权、肖像权、名誉权、荣誉权、婚姻自主权等。财产权是指具有经济利益的权利，包括物权、债权、著作权、专利权、商标权、继承权等。应当指出，如果行政机关及其工作人员的非职务行为，如民事侵权行为，侵犯了公民、法人或者其他组织的人身权和财产权，不能提起行政诉讼，只能通过民事诉讼或其他方式解决。

9. 法律、法规规定可以提起行政诉讼的其他行政案件。行政诉讼法颁布实施之前，其他具体法律、法规规定可以起诉，而行政诉讼法没有做出规定的行政案件，当事人仍然可以提起行政诉讼。行政诉讼法实施过程中，其他具体法律、法规仍然可以对人民法院受理的行政案件做出具体规定，以不断扩大行政诉讼的受案范围。

人民法院对于针对下列事项提起的行政诉讼不予受理：第一，国防、外交等国家行为。国家行为是以国家名义实施的，不涉及特定人或组织的国防、外交等方面的行为，如战争、军事演习以及同外国建交、缔结条约等。第二，行政法规、规章或者行政机关制定发布的具有普遍约束力的决定、命令。第三，行政机关对行政机关工作人员的奖惩、任免等决定。第四，法律规定由行政机关最终裁决的具体行政行为。

什么是行政诉讼管辖

行政诉讼管辖是指人民法院之间受理第一审行政案件的分工和权限，其目的在于确定究竟哪一级和哪一个人民法院具体行使行政审判权。要确定一个行政案件应由哪个法院受理，必须从级别管辖和地域管辖两个方面来分析。

级别管辖是指划分和确定各级人民法院受理第一审行政案件的分工和权限，即划分上下级人民法院之间对于行政案件的管辖权。行政诉讼法对于各级人民法院受理第一审行政案件的范围做了如下规定：基层人民法院管辖除法律明确规定应由上级人民法院管辖的第一审行政案件以外的所有第一审行政案件。中级人民法院管辖三类第一审行政案件：确认发明专利权的案件；海关处理的案件；对国务院各部门或者省、自治区、直辖市人民政府所做的具体行政行为提起诉讼的行政案件；本辖区内重大、复杂的第一审行政案件。

高级人民法院管辖本辖区内重大、复杂的第一审行政案件。最高人民法院管辖全国范围内重大、复杂的第一审行政案件。

地域管辖是指在同级人民法院之间划分其在各自辖区内受理第一审行政案件的分工和权限。行政案件由最初做出具体行政行为的行政机关所在地人民法院管辖。经过上级行政机关复议的案件，复议机关改变原具体行政行为的，最初做出具体行政行为的行政机关所在地人民法院和复议机关所在地人民法院都有管辖权；复议机关维持原具体行政行为的，由最初做出具体行政行为的行政机关所在地人民法院管辖。

对限制人身自由的行政强制措施不服提起的诉讼，被告所在地和原告所在地人民法院都有管辖权。这里的原告所在地包括原告住所地、经常居住地和被限制人身自由所在地。因不动产提起的诉讼，由不动产所在地人民法院管辖。不动产不在同一人民法院辖区内的，各该人民法院都有管辖权。两个以上的人民法院都有管辖权的案件，原告可以选择其中一个人民法院起诉。原告向两个以上有管辖权的人民法院提起诉讼的，由最先收到起诉状的人民法院管辖。

法律知识一本通

FALV ZHISHI YIBENTONG

❤ 行政判决和赔偿责任

人民法院通过对行政案件的审理，要根据事实和法律，就有争议的具体行政行为做出判断和处理，这就是行政判决。由于所争议的具体行政行为本身的复杂性，人民法院应针对不同情况，做出不同的行政判决。根据行政诉讼法的规定，人民法院的行政判决包括维持判决、撤销判决、履行判决和变更判决四种。

维持判决是指人民法院判决维持被诉具体行政行为。其条件有三：一是具体行政行为证据确凿；二是具体行政行为适用法律、法规正确；三是符合法定程序。

撤销判决是指人民法院判决撤销或者部分撤销具体行政行为，并可以同时判决被告行政机关重新做出具体行政行为。人民法院判决被告行政机关重新做出具体行政行为时，被告行政机关不得以同一事实和理由做出与原具体行政行为基本相同的具体行政行为。被诉具体行政行为具有下列情况之一的，人民法院应依法判决撤销：第一，主要证据不足；第二，适用法律、法规错误；第三，违反法定程序；第四，超越职权；第五，滥用职权。

履行判决是指人民法院判决被告行政机关在一定期限内履行法定职责。这是人民法院对于行政机关的不作为违法行为所做的判决。被告行政机关有下述两种情况之一的，人民法院就可以对其做出履行判决：一是拒绝履行法定职责。指行政机关有义务履行法定职责，但明确表示不履行职责。二是拖延履行法定职责。指行政机关对属于自己法定职责范围内的事项拖延不办，既不履行，也不明确表示拒绝履行。

变更判决是指人民法院对于显失公正的行政处罚，可以判决变更。行政处罚具有下述情况之一的，可以认定为显失公正：相同情况，不同处罚；不同情况，相同处罚；相同地区，不同标准；不同地区，相同标准；考虑不相关因素；不考虑相关因素；一事多罚；畸轻畸重。

行政诉讼当事人对于人民法院的行政判决必须认真及时履行。公民、法人或者其他组织拒绝履行行政判决的，行政机关可以向第一审人民法院申请强制执行，或者依法自行强制执行。

行政侵权赔偿责任是指行政机关及其工作人员在执行职务过程中，侵犯公民、法人或者其他组织的合法权益，行政机关依法所应承担的赔偿责任。

行政机关承担行政赔偿责任，必须具备下述条件：第一，具体行政行为必须是违法行为，包括作为和不作为。第二，必须有公民、法人或者其他组织的合法权益受到损害的事实。第三，违法的具体行政行为和损害事实之间有因果关系，即公民、法人或者其他组织的合法权益受到损害的事实，是由行政机关做出的具体行政行为引起的。第四，行政机关及其工作人员做出具体行政行为时，主观上有过错，即有故意或者过失。

行政赔偿的责任主体是行政机关，而不是行政机关工作人员。就是说，当具体行政行为侵犯了公民、法人或者其他组织的合法权益时，应由做出该具体行政行为的行政机关或者行政工作人员所在的行政机关进行赔偿。行政机关的赔偿费用从各级财政列支。各级人民政府可以责令有责任的行政机关支付部分或者全部赔偿费用。行政机关赔偿损失后，应当责令有故意或者重大过失的行政机关工作人员承担部分或者全部赔偿费用。所谓故意是指行政机关工作人员明知自己违法执行职务会造成损害，但希望或放任这种损害结果的发生，如滥用职权、乱施罚款等。所谓重大过失是指法律在某种情况下对行政机关工作人员应当注意和能够注意有较高的要求，但行政机关工作人员却没有严格按这一要求去从事活动。行政机关工作人员因重大过失而承担赔偿费用主要有两种情况：一是行政机关工作人员做出的具体行政行为严重地缺乏事实根据，足以认为是没有认真对待造成的；二是行政机关工作人员做出的具体行政行为极端不合理，以至其他人在同样情况下不会做出这样的行为。

❤民事诉讼与民事诉讼法

在人们的社会生活和经济生活中，不断发生并大量存在着各种矛盾和纠纷，这些矛盾和纠纷，可以通过多种途径和方式加以解决。其中，运用法律手段，通过司法审判解决纷争的方式，即为诉讼方式，俗称"打官司"。基于诉讼的内容、目的、形式等不同，诉讼分为民事诉讼、刑事诉讼和行政诉讼三种。民事诉讼专指公民之间、法人之间、其他组织之间以及他们相互之间因财产关系和人身关系发生纠纷，诉诸法院寻求解决而形成的诉讼。如因财产所有权纠纷、债权债务纠纷、知识产权纠纷、人身权纠纷、遗产继承纠纷、损害赔偿纠纷、婚姻家庭纠纷、经济合同纠纷等而提起的诉讼，均属于民事诉讼。民事的、经济的和婚姻家庭的纠纷案件，统称为民事纠纷案件，均可通过民事诉讼的方式予以解决。

人民法院在当事人和其他诉讼参与人的参加下，审理和解决民事纠纷案件的全部活动，由起诉与受理、审理前的准备、开庭审理、裁判、上诉、执行等一系列前后联结、不可颠倒的诉讼过程和阶段组成。在民事诉讼中，人民法院的审判活动处于主导地位，当事人及其他诉讼参与人的活动则处于从属地位，应服从法院的诉讼指挥。在民事诉讼中，双方当事人处于平等的法律地位，平等地享有诉讼权利、承担诉讼义务。

通过诉讼的方式解决民事纠纷，涉及到一系列问题需要法律予以规定和解决，如案件应由哪一级的哪一个法院管辖和审理，审理案件的程序如何进行，当事人在诉讼中享有哪些权利、承担哪些义务，判决和裁定如何执行，等等。国家所制定的调整民事诉讼法律关系，规定人民法院、当事人和其他诉讼参与人进行民事诉讼活动的程序、方法和行为准则的法律规范，即是民事诉讼法。从广义上讲，民事诉讼法除包括关于民事诉讼的系统性、专门性法律即民事诉讼法典外，还包括宪法、其他法律中有关民事诉讼的规定，以及最高人民法院的有关司法解释文件。1991 年 4 月 9 日颁布施行的，2007 年 10 月 28 日修正的《中华人民共和国民事诉讼法》（以下简称民诉法），是我国现行的民事诉讼法典。

该法典由规定民事诉讼一般问题的总则和审判程序、执行程序、涉外民事诉讼程序的特别规定四编组成。

民诉法与民法、继承法、婚姻法、经济法等法律的关系，是程序法与实体法的关系。民事实体法是调整民事、经济法律关系，规定民事主体享有和承担的实体权利义务的法律；程序法则是调整诉讼法律关系，规定解决民事纠纷案件的程序和办法的法律，是实体法贯彻实施的保障。民诉法的任务，是保护当事人行使诉讼权利，保证人民法院查明事实，分清是非，

诉讼法

SUSONGFA

正确适用法律，及时审理民事案件，确认民事权利义务关系，制裁民事违法行为，保护当事人的合法权益，教育公民自觉遵守法律，维持社会秩序、经济秩序，保障社会主义建设事业顺利进行。

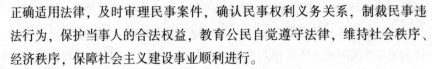

哪家法院受理民事诉讼

通过诉讼的方式解决民事纠纷，首先涉及到的一个问题，即是该纠纷案件应由哪一级的哪一个人民法院进行审理。当事人只能向对其纠纷案件有管辖权的法院提起诉讼。各个法院也只对依法属自己管辖范围的民事案件方能受理并审判。管辖即是关于上下级法院之间和同级法院之间受理第一审民事案件的分工与权限的规定。

不同级别的人民法院受理第一审民事案件的分工与权限是不同的。关于级别管辖，民诉法规定：最高人民法院管辖在全国有重大影响的和认为应由其审理的第一审民事案件；各省、自治区、直辖市的高级人民法院管辖在本辖区有重大影响的第一审民事案件；各市、地区的中级人民法院管辖的第一审民事案件是重大涉外案件、在本辖区有重大影响的案件以及最高法院确定由中级法院管辖的案件（如专利纠纷案件等）；其他的第一审民事案件均由各区、县的基层人民法院管辖。实践中，绝大多数的第一审民事案件是由基层人民法院和中级人民法院管辖的。

各同级人民法院之间受理第一审民事案件也互有分工。在纵向地确定了级别管辖的基础上，按照各同级法院的不同辖区及案件当事人或诉讼标的与法院辖区的关系，从横向划分的同级人民法院之间受理第一审民事案件的分工与权限，称为地域管辖。它分为一般地域管辖、特殊地域管辖和专属管辖三种。

一般地域管辖又称普通地域管辖，以当事人的住所地与法院辖区的关系来确定案件的管辖法院。通常实行"原告就被告"的原则，即：对公民提起的民事诉讼，由被告住所地（即户籍所在地）的法院管辖，被告住所地与经常居住地不一致时，由经常居住地的法院管辖；对法人或其他组织提起的诉讼，由被告住所地（即主要营业地或主要办事机构所在地）的法院管辖。如果同一诉讼的几个被告住所地、经常居住地在两个以上法院辖

法律知识一本通

FALV ZHISHI YIBENTONG

区的，各该法院都有管辖权。"原告就被告"的原则也有例外，对不在中国领域内居住的人和对下落不明或宣告失踪的人提起的有关身份关系（如婚姻、亲子、收养关系等）的诉讼，以及对被劳动教养或被监禁的人提起的诉讼，即应由原告住所地或经常居住地的法院管辖。

特殊地域管辖，以诉讼标的所在地或引起法律关系发生、变更、消灭的法律事实所在地或被告住所地为依据确定案件的管辖法院。例如：因合同纠纷提起的诉讼，由被告住所地或合同履行地法院管辖；因保险合同纠纷提起的诉讼，由被告住所地或保险标的物所在地法院管辖；因运输合同纠纷提起的诉讼，由运输始发地、目的地或被告住所地法院管辖；因票据纠纷提起的诉讼，由票据支付地或被告住所地法院管辖；因侵权行为提起的诉讼，由侵权行为实施地、侵权结果发生地或被告住所地法院管辖；因铁路、公路、水上或航空事故请求损害赔偿提起的诉讼，由事故发生地或车辆、船舶最先到达地、航空器最先降落地或者被告住所地法院管辖，等。特殊地域管辖的规定在适用上优先于一般地域管辖。专属管辖则是指基于某些案件诉讼标的的特定性质，只能由民诉法明文规定的法院管辖，其他法院无权管辖。民诉法规定，对于不动产（土地、房屋等）的诉讼纠纷、港口作业中发生的诉讼纠纷、继承遗产的诉讼纠纷，分别由不动产所在地、港口所在地、被继承人死亡时住所地或主要遗产所在地的法院专属管辖。

♥当事人的诉讼权利和义务

民事诉讼的当事人，是指因民事权利义务关系发生争议，以自己的名义进行诉讼，并受人民法院的裁判约束的利害关系人。原告、被告、共同诉讼人、第三人，均属当事人之列。当事人具有三个基本特征，即：与纠纷有着直接的利害关系；为维护自己的民事权益而参加诉讼；以自己的名义参加诉讼；受人民法院的判决、裁定或调解书的约束。

参与民事诉讼的人，除当事人之外，还有诉讼代理人以及证人、鉴定人、勘验人、翻译人员等。诉讼代理人是为维护被代理人（即当事人）的利益而参加诉讼的人，当事人的监护人、近亲属、朋友及律师等，均可基于法律的规定、人民法院的指定或受当事人的委托而成为诉讼代理人。他

们虽也享有一定的诉讼权利并承担一定的诉讼义务，但其与诉讼结果没有直接的利害关系，故不属于当事人，而只是和被代理人的诉讼地位相近似的诉讼参加人。证人、鉴定人、勘验人、翻译人则属于其他诉讼参与人，其参与诉讼的目的只是为了协助人民法院查明案情。

根据民诉法的规定，公民、法人和其他组织只要符合前述当事人条件，均可以成为民事诉讼的当事人。在我国领域内进行民事诉讼的外国人、无国籍人、外国企业和组织也可以成为当事人。公民作为当事人，没有性别、年龄、健康状况、职业等方面的限制。有诉讼行为能力的人可以亲自进行诉讼活动，而无诉讼行为能力的未成年人和精神病人则须由其代理人代为进行诉讼活动。

个体工商户在民事诉讼中，以营业执照上登记的业主为当事人，有字号的，还应在法律文书中注明登记的字号。如果营业执照上登记的业主与实际经营者不一致的，以业主和实际经营者为共同诉讼人。农村承包经营户在诉讼中，如是个人经营的，以个人为当事人；家庭经营的，以参加经营的家庭成员为共同诉讼人，户主或签订承包合同的当事人可以作为诉讼代表人。个人合伙的全体合伙人在诉讼中为共同诉讼人，有字号的，还应在法律文书中注明登记的字号。全体合伙人可以共同推选出诉讼代表人，代表人的诉讼行为对全体合伙人发生法律效力。

法人是指具备一定条件、依法取得法人资格的社会组织。法人的诉讼活动，由其法定代表人（即代表法人行使职权的主要行政负责人，如厂长、经理等）进行。法定代表人的诉讼行为即是法人的诉讼行为，对法人发生法律效力，并且不受该法人的法定代表人更换的影响。可以作为民事诉讼当事人的其他组织，是指依法成立、有一定的组织机构和财产，但不具备法人资格的组织。这些组织在民事诉讼中，由其主要负责人作为诉讼代表人进行诉讼，其地位相当于法定代表人。

前已提及，民事诉讼中的当事人，包括原告、被告、共同诉讼人、第三人。原告与被告，是指认为自己的民事权益受到侵犯或与他人发生争议而向人民法院提起诉讼和被法院通知应诉的人，他们是民事诉讼中必不可少并处于对立诉讼地位的双方当事人。需要注意的是，原告起诉所指控的被告以及认为被告侵犯了其民事权益，只是一种使诉讼程序发生的假定。

原告是否真正享有某种权益、该权益是否确实受到侵犯、侵犯其权益的人是否就是被起诉的被告等问题，都只有经过法院审理、裁决后，才能最终确定。实践中，"无理者先告状"以及告错人的事例均不鲜见。

因此，原告的诉讼地位并不意味着其一定能胜诉，被告也不一定都败诉。起诉或应诉的人不符合当事人条件的，还将产生当事人更换的问题，法院应通知符合条件的当事人参加诉讼，更换不符合条件的当事人。

由于当事人在民事诉讼中居于重要地位，法律赋予其享有广泛的诉讼权利，同时也要求其承担必要的诉讼义务。

当事人享有的诉讼权利主要有：请求司法保护的权利，即原告有起诉权，并可以变更或者放弃诉讼请求，被告则有应诉权，可以承认或反驳原告的诉讼请求，并有权提起反诉；委托诉讼代理人的权利；对与本案有利害关系的审判人员等申请回避的权利；收集、提供证据的权利；进行辩论的权利；申请调解及自行和解的权利；提起上诉的权利；申请再审的权利；查阅、复制本案有关诉讼材料和法律文书的权利；申请执行的权利，等等。当事人承担的诉讼义务主要是：必须依法正确行使其诉讼权利，不得滥用；必须遵守诉讼秩序和法庭纪律，尊重对方当事人和其他诉讼参与人的诉讼权利；必须履行发生法律效力的判决、裁定和调解协议，等等。

在诉讼中，当事人有权要求人民法院保障其依法享有的各项诉讼权利得以充分行使。同时，人民法院对不履行诉讼义务的当事人，也有权采取措施，强令其履行义务。对当事人、诉讼参与人及其他单位或个人故意实施的一切妨害民事诉讼的行为，如必须到庭的被告经两次合法传唤，无正当理由拒不到庭的；诉讼参与人和其他人违反法庭规则或者哄闹、冲击法庭，侮辱、威胁、殴打审判人员，严重扰乱法庭秩序的；伪造、毁灭重要证据，或隐藏、转移、毁损已被查封、扣押、冻结的财产的；对司法工作人员或诉讼参与人打击报复的，以及有义务协助人民法院调查、执行的单位或个人拒不履行义务的，等等。人民法院有权依法采取拘传、训诫、责令退出法庭、罚款和拘留等强制措施予以制止和制裁，以维护国家法律的尊严，保障诉讼程序和诉讼活动的正常进行。

民事审判的证据和程序

以事实为根据、以法律为准绳是人民法院审理民事案件必须遵循的基本原则。只有查明了案情事实，才能正确适用法律去解决争议，而事实的查明，则必须依靠充分、确凿的证据。对诉讼当事人来讲，其提出诉讼主张和权利要求，必须要有相应的事实、理由和证据作为基础，如果没有证据，其诉讼主张将会成为"空中楼阁"，无法受到法律的保护。因此，诉讼证据无论是对当事人维持自己的诉讼主张和合法权益，还是对人民法院查明案件事实，依法做出正确裁判，都具有十分重要的意义。

能够证明案件真实情况的一切事实，都是证据。民事诉讼中的证据有下列七种：书证、物证、视听资料、证人证言、当事人的陈述、鉴定结论、勘验笔录。

证据必须具备真实性、关联性和合法性三个基本特征。

客观存在的证据，必须要由当事人提供出来或由人民法院调查、收集出来并依法审查核实，才能起到证明某件事实的作用。根据民诉法的规定，民事诉讼的当事人对自己提出的诉讼主张，负有提供证据予以证明的责任，即举证责任由当事人承担（这点与刑事诉讼、行政诉讼的规定不同）。当事人分担举证责任的原则是"谁主张、谁举证"。具体说来，原告对自己提出的诉讼主张，必须说明事实和理由并提出证据予以证明；被告否认、反驳原告的主张或提出反诉，同样须提出相应的证据；第三人对其诉讼主张也负有举证的责任。

例如，张三起诉李四欠债不还，须提出债权债务关系的凭证（如借据）或有证人证明，还要提出证据证明债务已到清偿期、屡次催要李四拒不偿还等事实。李四如提出自己不欠张三的债，或债务已经清偿或尚未到期，也要举出证据来。假如李四反诉张三索债时曾打伤了他，致其损失医疗费、误工工资若干元，要求张三赔偿，还要举出被张三打伤的证据、医疗费单据、单位误工证明等证据。在某些特殊情况下，考虑到举证责任分担的均衡性和主张方举证的实际困难，法律也对"谁主张、谁举证"的原则做出了一些例外规定，即采用"举证责任倒置"的方法将主张方的部分举证责任转移给对方当事人承担。

人民法院审理、判决各类民事案件，均要按照一定的方法、步骤和"操作规程"进行，这即是审判程序。根据民诉法的规定，民事案件的审判程序共有8种，即：第一审普通程序和简易程序、第二审程序、特别程序、审判监督程序、督促程序、公示催告程序、企业法人破产还债程序。

我国民事审判实行"两审终审"制，相应地设立了第一审程序和第二审程序。第一审程序因当事人行使起诉权和法院决定受理而发生，第二审程序因当事人不服一审判决、裁定，依法行使上诉权而发生。这两种程序是民事审判的一般程序。审判监督程序，是对已审结的案件，发现确有错误而予以纠正时所适用的一种特殊程序，它不具有审级性质，也不是审理每一民事案件的必经程序。上列三种审判程序，构成我国民事案件审判程序的基础。

民事案件的第一审程序有普通程序和简易程序两种。简易程序是基层人民法院和它的派出法庭审理事实清楚、权利义务关系明确、争议不大的简单民事案件时所适用的简便易行的程序。它实质上是普通程序的简化，在起诉与受理的程序，传唤当事人、证人的方式，审判组织形式，开庭审理的程序及审理期限等方面，都体现了简易、便捷的特点。而普通程序则是审理第一审民事案件通常所适用的程序，适用性最为广泛，大多数第一审案件都依普通程序审理，即使对某些特定类型的案件按其他程序审理，普通程序的规定也大量渗透其中。第一审普通程序也是民事审判程序中最基本、最系统、最完整的一种审判程序，是人民法院审理民事案件应当遵循的最基本、最主要的"操作规程"。第一审普通程序的主要内容如下：

第一，起诉与受理。起诉是原告向人民法院提出诉讼请求的行为。起诉必须符合下列条件：

1. 原告是本案有利害关系的公民、法人和其他组织；

2. 有明确的被告；

3. 有具体的诉讼请求和事实、理由；

4. 属于人民法院受理民事诉讼的范围和受诉人民法院管辖。

起诉应向法院递交起诉状，并按照被告人数提出副本。起诉状应当记明的主要内容包括：当事人双方的姓名、性别、年龄、职业、住所等基本情况，诉讼请求和所根据的事实与理由、证据和证据来源、证人的姓名和

诉讼法

SUSONGFA

住所等。受理是人民法院对起诉进行审查，认为符合起诉条件，决定接收立案并进行审理的诉讼行为。案件一经受理，诉讼程序正式开始。

第二，审理前的准备。人民法院在受理案件后，开庭审理前应做的准备工作主要是：将起诉状副本发送被告，通知其应诉并在15日内提出答辩状；将被告的答辩状副本发送原告；告知当事人有关的诉讼权利义务和审理本案的合议庭组成人员；认真审核诉讼材料；调查收集必要的证据。此外，法院对于可能因当事人一方的行为或其他原因而使将来的判决不能执行或难以执行的案件，可以根据当事人的申请或依职权采取财产保全措施，对有关财产或争议的标的物予以查封、扣押、冻结。对于追索赡养费、抚养费、抚育费、抚恤金、医疗费、劳动报酬等案件，可以根据当事人的申请，裁定先予执行，以满足申请人生活或生产经营的紧急需要。在事实基本查清的基础上，还可以进行调解。

第三，开庭审理。是指由审判人员主持，当事人及其他诉讼参与人参加，在法庭上对案件进行审理并依法做出判决的全部诉讼活动。开庭审理的程序分为准备开庭、法庭调查、法庭辩论、评议和宣判五个阶段。准备开庭阶段的主要工作是：在开庭3日前通知当事人和其他诉讼参与人，发布开庭公告；开庭前，由书记员查明当事人及其他诉讼参与人是否到庭，宣布法庭纪律；审理前，由审判长核对当事人，宣布案由和审判人员、书记员名单，告知当事人有关的诉讼权利义务，询问当事人是否申请回避。

法庭调查阶段是开庭审理的核心，其主要任务是听取当事人的陈述和答辩，将全部案件事实和证据在法庭上进行揭示、核查。

法庭辩论，是在审判人员主持下，当事人、第三人及其诉讼代理人就如何认定事实、证据及如何适用法律解决争议等问题提出自己的看法、主张并与对方当事人相互辩驳、论证。法庭辩论的顺序是：原告及其诉讼代理人发言；被告及其诉讼代理人答辩；第三人及其诉讼代理人发言或答辩；互相辩论。辩论终结，审判长还应依次征询各方的最后意见。能够调解的，还可以再进行调解。

合议庭对案件进行评议，依法做出判决并予宣告，是法庭审理的最后阶段。合议庭评议案件实行少数服从多数的原则，评议中的不同意见，应如实记入笔录。民事判决是人民法院对法庭审理终结的民事案件，根据查明和认定的事实，正确适用法律，做出的解决民事实体权利义务争议的权威性判定。

当庭宣判的，应在 10 日内发送判决书；定期宣判的，应在宣判后立即发给判决书。宣告判决时，必须告知当事人上诉权利、上诉期限和上诉的法院。一审判决做出后，并不是立即发生法律效力。如果当事人服判，未在上诉期间内提出上诉，上诉期满后，一审判决即发生法律效力。任何一方当事人不服一审判决的，均有权在判决书送达之日起 15 日内向上一级人民法院提起上诉，要求上一级法院对该案继续进行审理。

第二审法院对上诉案件审理的结果，有下列几种情形：

1. 原判决认定事实清楚，适用法律正确的，判决驳回上诉，维持原判决；

2. 原判决适用法律错误的，依法改判；

3. 原判决认定事实错误，或者认定事实不清，证据不足的，裁定撤销原判决，发回原审法院重审，或者查清事实后改判；

4. 原判决违反法定程序，可能影响案件正确判决的，裁定撤销原判决，发回原审法院重审。对不服一审裁定的上诉案件，第二审法院处理时，一律使用裁定。当事人对发回重审案件的判决、裁定，可以再上诉。

一个民事案件，经过两级人民法院的两次审理即告终结，这即是"两审终审制"。对第二审法院做出的终审判决、裁定，当事人不能再上诉。如果终审判决、裁定仍有错误，怎么办呢？为纠正错案，法律设立了审判监督程序（又称再审程序），它即是法院对已经发生法律效力的判决、裁定或调解书，发现确有错误须予纠正而依法对该案再次进行审理的程序。当事人对已经发生法律效力的判决、裁定，认为有错误的，可以依审判监督程序在 2 年之内向原审法院或上一级法院申请再审。但须注意的是，申请再审与提起上诉是不同的。当事人申请再审，不停止原判决、裁定的执行；同时，也不是一经申请，再审程序即当然开始。

当事人申请再审，必须符合下列条件之一：

1. 有新的证据，足以推翻原判决、裁定的；

2. 原判决、裁定认定事实的主要证据不足的；

3. 原判决、裁定适用法律确有错误的；

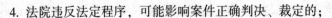

4. 法院违反法定程序，可能影响案件正确判决、裁定的；

5. 审判人员在审理该案时有贪污受贿、徇私舞弊、枉法裁判行为的；

6. 对生效的调解书，提出证据证明调解违反自愿原则或者调解协议的内容违反法律，经审查属实的。当事人的申请符合上列情形之一的，法院应当再审；对不符合规定的申请，法院将予以驳回。对已经发生法律效力的解除婚姻关系的判决，当事人不得申请再审。

❤ 什么是刑事诉讼管辖

诉讼，就是"打官司"。刑事诉讼就是打"刑事官司"，也就是国家司法机关按照刑法的规定，追究被告人的刑事责任。国家司法机关办理刑事案件，要有个章程，这个章程就是《刑事诉讼法》，它是规定刑事诉讼的原则、制度和程序的法律。

刑事诉讼法为司法机关运用刑罚同犯罪分子做斗争提供了科学的准则和程序，它就像产品的生产工艺一样，违背了，就会出现残品、次品，而刑事诉讼中的"残品"、"次品"，直接关系到人的自由和人的生命。因此，严格按照刑事诉讼法办事，就能保证准确、及时地查明犯罪事实，正确应用法律，惩罚犯罪分子；保障无罪的人不受刑事追究；并且能够教育公民自觉地遵守法律，积极同犯罪分子做斗争，从而预防和减少犯罪。这也正是我国刑事诉讼法的基本任务。

为了有效地打击犯罪，防止司法机关遇到刑事案件互相推诿，我国的刑事诉讼法对公检法机关在处理刑事案件的范围上做了明确的分工规定。这种分工，在法律上称为刑事诉讼的管辖。我国刑事诉讼法规定的刑事诉讼管辖有两类，即人民法院、人民检察院和公安机关的职能管辖，以及人民法院的审判管辖。

职能管辖，也称立案管辖，它解决的是哪一类刑事案件应由公检法的哪一机关立案受理的问题。依照我国刑事诉讼法的规定，告诉才处理（被害人告诉了才处理）和其他不需要进行侦查的轻微刑事案件，由人民法院直接受理。属于人民检察院直接受理的案件是贪污罪、侵犯公民民主权利罪、渎职罪，以及人民检察院认为需要自己直接受理的其他案件。属于公安机关立案侦查的案件则是除了人民法院和人民检察院直接受理的案件以外的一切案件。

审判管辖解决的是第一审刑事案件由哪一级人民法院或同级人民法院的哪一个法院审理的问题。根据我国刑事诉讼法的规定，最高人民法院管辖在全国有重大影响以及认为应当由自己管辖的第一审刑事案件；高级人民法院管辖在全省（直辖市、自治区）有重大影响的第一审刑事案件；中级人民法院管辖的第一审刑事案件是反革命案件，判处无期徒刑、死刑的普通刑事案件，外国人犯罪或者我国公民侵犯外国人合法权利的刑事案件；基层人民法院管辖除了依法应由上级人民法院管辖的第一审普通刑事案件。

在同级人民法院中，刑事案件由犯罪地人民法院管辖。如果由被告人居住地的人民法院管辖更为合适的，也可以由被告人居住地人民法院管辖。如果一个罪犯在几个地方都犯有罪行，几个同级人民法院都有权管辖的，则由最初受理的人民法院审判，在必要时，可以移送主要犯罪地人民法院审判。此外，我国还设有专门人民法院，如军事法院、铁路运输法院、水上运输法院和森林法院等，专门法院管辖的案件，主要是一些与该专业有关的刑事案件。

刑事诉讼回避和证据

所谓刑事诉讼中的回避，是指与案件或者案件的当事人有某种特殊关系的审判人员、检察人员、侦查人员不得参加该案件的审判、检察、侦查等活动。

根据我国刑事诉讼法的规定，审判人员、检察人员、侦查人员有下列情形之一的，应当自行回避。当事人及其法定代理人也有权要求他们回避：

1. 是本案的当事人或者当事人的近亲属；

2. 本人或者他的近亲属和本案有利害关系；

3. 担任过本案的证人、鉴定人、辩护人或者附带民事诉讼当事人的代理人的；

4. 是与本案当事人有其他关系，可能影响其正确处理案件的。

无论是自行回避还是申请回避，都要有专门的人员和组织做出决

定。根据我国刑事诉讼法的规定，审判人员、检察人员、侦查人员的回避，应当分别由院长、检察长、公安机关负责人决定；院长的回避由本院审判委员会决定；检察长和公安机关负责人的回避，由同级人民检察院检察委员会决定。对于当事人申请回避的要求，经审查认为没有事实根据的，可以做出驳回申请回避的决定，对该决定当事人可以申请复议一次。此外，我国刑事诉讼法还规定，回避制度也适用于书记员、翻译人员和鉴定人。

据记载，历史上有一个叫况钟的人，他在担任知州时，曾承办过这样一个案子，某青楼女子被指控犯有杀人罪，在大堂上，她本人也承认，为报杀父之仇，她把该男子诱至房间，用酒灌醉后，持菜刀将其砍死，随后将菜刀扔到楼后的花园里。根据她提供的地点，衙役找到了凶器，看了这把菜刀后，况钟断定，这位青楼女子并不是真正的凶手。后经明察暗访，找到了真正的凶手。

那么，况钟为什么凭一把菜刀就断定这位青楼女子不是真正的凶手呢？因为菜刀与受害人的致命伤不能吻合，死者身上留下的致命伤刀口很小但深及心脏，这是一把菜刀所不能及的。可见，菜刀、刀痕成了本案的重要证据。

其实，任何犯罪行为都是在一定的时间、空间、条件下实施的，俗话说："要若人不知，除非己莫为"，不管犯罪分子手段多么巧妙，总会留下一些"蛛丝马迹"，如物品、痕迹、环境变动，或为在场人所见、被害人直接感受，等等。只要紧紧抓住这些，就能拨开重重迷雾，使案情大白于天下。

这些能够证明案件真实情况的事实，在刑事诉讼中称为证据，具体地说，刑事诉讼中的证据，就是办案人员按照法定程序调查收集的，能够查明案件客观真实情况的一切事实材料。

根据我国刑事诉讼法的规定，证据必须具备三个基本条件：第一，是客观存在的事实，不是主观想象、猜测甚至捏造的事实；第二，是与案件有内在联系的事实；第三，是司法机关依照法定程序取得的，并经查证属实的事实。

目前，我国刑事诉讼的证据基本有六种：物证；书证；证人证言；被害人的陈述；被告人的陈述和辩解；鉴定结论；勘验、检查笔录。

需要指出的是，在我国，凡知道案件情况的人，都有作证的义务，但生理上、精神上有缺陷或者年幼，不能辨明是非，不能正确表达意思的人不能做证人。证人必须如实地作证，提供证据、证言，作伪证或窝藏、隐匿、毁灭罪证的证人，要负法律责任。

对于被告人的口供，既不能不信，也不能全信，要坚持重证据，重调查研究，不轻信口供，不刑讯逼供的原则，只有被告人口供，没有其他证据的不能定案，没有被告人口供，其他证据确凿的，也可以定案。

♥ 刑事诉讼审判和辩护

实行公开审判，是我国刑事诉讼法规定的一项重要原则制度。所谓公开审判，就是指人民法院的审判活动应当向人民群众公开，吸收人民群众旁听，并允许新闻记者进行采访和发表有关审判过程的报道，将案情向社会公开。

我国刑事诉讼法和人民法院组织法规定，人民法院审理案件，除涉及国家机密、个人隐私和未成年人犯罪案件外，一律公开进行。这里所说的国家机密指政府和军队的秘密以及各种技术和业务的秘密；隐私，是指男女间不便公开的事，例如强奸案中的某些具体情节；对于未成年人不公开审理，则是为了防止未成年人精神上受创伤，影响其健康成长。其他案件除合议庭评议外，允许群众旁听对案件的审理和宣告判决。

实行公开审判制度，可以使人民法院的审判工作置于人民群众的监督之下，增加审判人员的责任感，促使他们更加认真负责地对待自己的工作，改进审判作风，防止主观片面，提高办案质量；还可以使到庭的旁听群众，受到生动的法制教育，加强守法观念。同时，在法庭上通过对犯罪事实的揭露，也使犯罪分子在广大群众面前感到难以隐瞒和诡辩，只有认罪服法才是自己唯一的出路。

汉朝王符《潜夫论·明阇》："君之所以明者，兼听也；其所以暗者，偏信也。"唐朝魏徵将上面的话概括为8个字："兼听则明，偏信则暗"，意思是说，要听取各方面的意见，全面地了解情况，才能明辨是非。正因为如此，为不放纵坏人也不冤枉好人，保证准确、有效地打击和惩罚犯罪，我国刑事诉讼法明确规定，被告人有权获得辩护，人民法院有义务保证被告人获得辩护。

被告人有权获得辩护，就是被告人及其辩护人，对被控告的犯罪从事实和法律两个方面进行申述、辩解、反驳，以维护被告人的合法权益，它是法律赋予被告人的一项重要的诉讼权利，是国家赋予被告人保护自己合法权益的一种手段，司法机关不得以任何借口或理由剥夺被告人的辩护权。

那么，被告人如何行使法律所赋予的辩护权呢？可以通过两种方式：一种是自己行使辩护权，另一种是委托别人代为辩护。

依照法律，被告人的辩护权，贯穿在整个刑事诉讼的全过程中。可以说，从立案开始到终审判决之前，被告人都有为自己辩护的权利。在侦查阶段，被告人的辩护权只能由自己行使。他有权知道被控告的内容；有权提出无罪、罪轻的辩解；有权阅读讯问笔录，如果记载有遗漏或差错，可以提出补充或者改正；有权提出自己书写所供述的材料；对侦查人员讯问与案件无关的问题，有拒绝回答的权利；在法庭审理过程中，有权参加法庭辩论；有权申请传唤证人和调取其他证据；有权申请对证人、鉴定人发问；有权申请重新鉴定或者勘验；有权在辩论终结后做最后陈述等等。在法庭审理过程中，被告人除自己辩护外，还可以委托辩护人为他辩护。我国刑事诉讼法还规定，公诉人出庭公诉的案件，被告人没有委托辩护人的，人民法院可以为被告人指定辩护人；被告人是聋哑或者未成年而没有辩护人的，人民法院应当为他指定辩护人，被告人的辩护人可以是一人，也可以是两人。

辩护人的职责是：根据事实和法律，提出证明被告人无罪、罪轻或减轻、免除其刑事责任的材料和意见，协助被告人进行诉讼，维护其合法权益，并协助法院正确处理案件。辩护人的权利有：

1. 律师充当辩护人时有权查阅和向有关单位、个人调查本案的材料，有权会见在押的被告和通信，了解案情；其他人充当辩护人时，经人民法院允许，也有权了解案情，同在押的被告会见和通信。

2. 在法庭上经审判长同意，有权向被告人、证人、鉴定人等发问。

3. 有权要求提取新证据和要求通知新证人到庭或要求重新鉴定和勘验。

4. 有权参加辩论。

5. 有权对法院判决、裁定申请不服，在取得被告人的同意下依法为被告人上诉，等等。辩护人虽然为被告人辩护，但在辩护活动中必须按照法律规定进行，不允许捏造事实、歪曲法律；对于涉及国家机密或个人隐私的案件，不得泄露。被告人若对辩护人不信任时，可以拒绝辩护人为他辩护，也可以另行委托别的辩护人；被告人若对辩护人隐瞒事实真相，辩护人有权拒绝为其辩护。有些国家，辩护人从案件开始起就参加诉讼。我国目前则规定，被告人只有在审判阶段才能请辩护人为其辩护。

强制措施与两审终审制

所谓刑事诉讼中的强制措施，是指公检法机关为了防止被告人、现行犯和重大嫌疑分子逃避侦查、审判，毁灭、伪造证据，销赃灭迹，订立攻守同盟，继续犯罪，自杀和其他破坏活动，所采取的限制或剥夺其人身自由的各种强制性的措施。它不同于刑罚。刑罚是对犯罪分子的惩罚和教育，而强制措施则是保证刑事诉讼顺利进行而采取的一种必要手段，因此，不能把两者混淆起来，互相代替，"以拘代罚"、"以捕代罚"。

由于采用强制措施涉及到限制或剥夺公民人身自由的问题，因此，公检法机关在决定采用强制措施时，必须十分严肃谨慎。如果使用不当，就可能放纵犯罪，或造成错拘、错捕、错押。根据我国刑事诉讼法的规定，刑事诉讼中的强制措施有拘传、取保候审、监视居住、逮捕、拘留5种。

拘传，是公检法机关对于没有被逮捕、拘留的刑事被告人、嫌疑人，经过合法传唤，无正当理由不到案，而强制使被传唤人到案的措施。拘传被告人，应当填发拘传票，并向被告人出示。

取保候审，是指公检法机关对于罪该逮捕而无逮捕必要、患有严重疾病、怀孕和哺乳婴儿的妇女等被告人，责令其提出保证人，由保证人出具保证书，保证被告人不逃避侦查和审判，并随传随到的一种强制措施。

监视居住，是对于符合取保候审条件的被告人，公检法机关责令其不得离开指定的居住区域，并对其行动进行监视的一种强制措施。

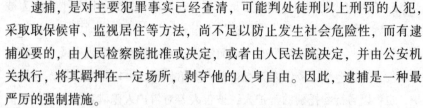

逮捕，是对主要犯罪事实已经查清，可能判处徒刑以上刑罚的人犯，采取取保候审、监视居住等方法，尚不足以防止发生社会危险性，而有逮捕必要的，由人民检察院批准或决定，或者由人民法院决定，并由公安机关执行，将其羁押在一定场所，剥夺他的人身自由。因此，逮捕是一种最严厉的强制措施。

拘留，是公安机关在紧急情况下，对罪该逮捕的现行犯或者重大嫌疑分子，不经过人民检察院批准，短期剥夺其人身自由的一种强制措施。

所谓两审终审，其意思是说，除最高人民法院所做的一审判决和裁定是终审判决和裁定外，其他各级人民法院依照第一审程序审判的案件，被告人或其法定代理人如果对判决、裁定不服，可以在法定的期限内向上一级人民法院上诉；人民检察院认为判决、裁定确有错误，可以在法定的期限内向上一级人民法院抗诉，要求上一级人民法院对该案件再进行审判。上一级人民法院审理第二审案件做出的判决、裁定，都是终审的判决、裁定，立即发生法律效力。

实行两审终审制，并不是说所有的案件都必须经过两级法院的审判，只有在法定的期限内被告人提起上诉或人民检察院提起抗诉的案件，才发生第二审程序。根据我国刑事诉讼法的规定，对判决的上诉或抗诉期限均为十日，对裁定的上诉或抗诉期限均为五日，从接到判决书、裁定书的第二日起算。如果被告人服从第一审判决、裁定，或者超过了法定期限没有提起上诉，人民检察院又没有提起抗诉，则第一审人民法院的判决、裁定亦发生法律效力，这样就不会引起第二审程序。此外，有权提起上诉的除了被告人或其法定代理人外，被告人的辩护人和近亲属经被告人同意，也可提起上诉。

对于上诉案件，二审法院经过审理后，只有认为原判决"事实不清楚或者证据不足的"，才可以裁定撤销原判，发回原审法院重新审判；而不得以"量刑不当，处理偏轻"为理由，直接加重被告人的刑罚；也不能以同样理由，将案件发回原审法院重新审判，以加重被告人的刑罚。这样做，可以解除被告人因怕上诉后被加刑而不敢上诉的顾虑，使其顺利行使上诉权。

国际法

国际法是怎么来的

什么是国际法呢？简单地说，国际法是一种主要用来调整国家之间关系的法律。由于人们通常把国家之间的关系看成是"公对公"的关系，国际法又叫"国际公法"。国际法是国家在长时期相互交往的过程中逐渐形成和发展起来的。

从公元前4000年开始，世界上产生了埃及、印度、巴比伦、中国等文明国家。它们并非处在与外界完全隔绝的环境中，相互间都有着这种或那种形式的交往和联系，久而久之，逐渐成为被各国普遍承认和遵守的原则、规则和制度，这是最初的国际法。

但是，一般认为，国际法是近代社会的产物。今天，国际法得到了充分发展，已成为一个庞大的法律体系，其中包括国际海洋法、国际航空法、国际环境法、国际人权法、国际组织法等不同法律部门。

国际法在历史上曾有不同的名称。古代罗马称国际法为"万民法"，意思是调整罗马人同外国人之间关系的法律。1625年，被誉为"国际法之父"的荷兰学者格劳秀斯出版了《战争与和平法》一书，称此法为"万国法"。

1780年，英国法学家杰里米·边沁第一次改称国际法，沿用至今。19世纪中叶，国际法从西方传入中国。1893年，林则徐在广州禁烟时曾将瑞士法学家瓦泰尔《万国法》一书的几个章节译成中文，称《各国律例》在1864年，任清政府同文馆总教习的美国传教士丁韪良，把美国法学家惠顿的《国际法原理》一书译成汉文，称《万国公法》，第一次正式地、全面地把国际法介绍到中国。从此，国际法在中国逐渐传播开来。

与国内法比较，国际法是一个特殊的法律体系，它具有以下几个特点：第一，国家是国际法的基本主体。由于国际法主要是用来调整国家之间关系的法律，因此，国家是国际法的基本主体。另外，正在争取独立的民族政府间的国际组织在一定条件下和在一定范围内也是国际法的主体。虽然个人是国内法的主体，但不能成为国际法的主体。

第二，国际法的制定者是国家。在国际社会中，每个国家都享有国家主权，不存在也不应该存在一个凌驾于国家之上的立法机关。因此，国际法不可能像国内法那样由立法机关依一定程序制定，而只能通过国家之间的协议来达成，也就是以缔结条约的方式制定。

第三，国际法采取特殊的实施方式。在国内，有一些有组织的强制机关如军队、警察、法院来维护法律，并保证其实施。国际上不存在这样的超越国家之上的强制机关，国际法的实施，只能依靠国际法主体——国家本身，依靠国家的单独或集体行动来保证。

国家作为国际法的基本主体，有相应的权利和义务。国家的权利分基本权利和派生权利两类。基本权利是国家固有的，从国家主权直接引伸出来的权利，国家在享受基本权利上没有差别。派生权利是从基本权利派生出来的权利，各国享有的派生权利有所不同。国家的基本权利有四项：

第一项是独立权。独立权是指国家享有自主处理本国的内部事务免受外部的任何控制和干涉的权利。它包含两点意思：一是国家有独立自主地处理其主权范围内事务的权利；二是国家在处理这些事务时不受外来的干涉。两方面是密切联系的。

独立自主要求不受干涉，不干涉是独立自主的必然结果。独立权是不干涉原则的基础。同时，它也是国家享有主权的标志。处于殖民地或附庸国地位的国家是没有主权的。

第二项是平等权。平等权是指国家在国际法上地位平等的权利。由于每个国家都享有主权，因此它们是平等的，而平等者之间无管辖权可言。在国际社会中，国家不分大小，社会制度如何，发展水平高低，其法律地位一律平等，它们享有同样的权利并承担同样的义务。应严格禁止大国欺负小国，强国凌侮弱国，坚决反对一切形式的强权政治和霸权主义。

第三项是自卫权。自卫权是指国家保卫自己的生存和独立的权利。它包括两个方面的内容：一是指在和平时期，国家有进行国防建设，组建军队，防备有可能发生的来自外国的侵犯的权利；二是指当国家实际受到外国的武力攻击时，有进行单独或集体自卫的权利。但是，国家行使自卫权应严格地以遭到外国武力攻击为前提条件，不得以自卫之名，行侵略之实。

第四项是管辖权。管辖权是指国家对其领域内的一切人、物和事件有行使管辖的权利。这包括：领域管辖，就是说，任何人、物或事件，只要处在一国领土范围内，该国就有权管辖。

国籍管辖，又称属人管辖，只要是本国公民，无论他是处在国内或国外，国家都有权利管辖。

保护性管辖，国家为了保护国家和本国公民的重大利益，在某些情况下，对外国人在外国的一些犯罪行为也有权利管辖。

普遍性管辖，对于那些严重危害整个国际社会的和平与安全及全人类根本利益的国际犯罪行为，如贩毒、海盗、种族灭绝，不论其发生的时间或地点如何，每个国家都有管辖的权利。

国家的基本权利和基本义务是一致的。一国享有基本权利的同时，也负有尊重他国基本权利的义务。在国际关系中，不容许有只享受权利而不承担义务的特权国家，也不应该有只承担义务而不享有权利的无权国家。

国家是国际法的主体，在国际法上享受权利并承担义务。但是，国家的这种权利和义务要靠代表它的政府来实现。具体说，由该国的中央政府来实现。大家知道，世界上只有一个中国，中华人民共和国是中国的唯一合法代表；台湾是中国的一个省，是中国领土不可分割的组成部分。中国作为国际法主体所享受的权利和承担的义务应由中华人民共和国中央人民政府来代表和实现。

和平共处五项基本原则

和平共处五项原则，即互相等至主权利领土完整、互不侵犯、互不干涉内政、平等互利、和平共处。这是中国和印度、缅甸共同倡导的，首见

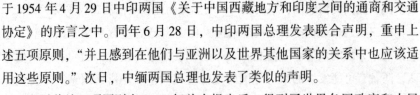

于 1954 年 4 月 29 日中印两国《关于中国西藏地方和印度之间的通商和交通协定》的序言之中。同年 6 月 28 日，中印两国总理发表联合声明，重申上述五项原则，"并且感到在他们与亚洲以及世界其他国家的关系中也应该适用这些原则。"次日，中缅两国总理也发表了类似的声明。

和平共处五项原则自 1954 年首次提出后，得到了世界各国政府和人民的支持，并在一系列国际法文件中得到了确认。现今，世界上绝大多数国家不仅认识到和平共处五项原则的重大意义，而且承认这些原则是指导当代国际关系的基本准则。

互相尊重主权和领土完整原则是和平共处五项原则的首项原则，也是最根本的原则。它包括两个方面的内容：互相尊重主权和互相尊重领土完整。关于主权和领土完整，我们将在"国家主权和领土完整"一节中详细介绍。

互不侵犯原则是从国家主权原则直接引申出来的，指的是各国在其相互关系中不得以任何借口使用武力或以武力威胁侵犯他国的领土完整或政治独立。这项原则是在第一次世界大战和俄国十月社会主义革命后逐步形成的。《联合国宪章》等一系列国际法文件一再确认该项原则。

与互不侵犯密切相关的一个问题是侵略的定义问题。1974 年，联合国大会通过了由侵略定义特别委员会起草的侵略定义。该定义指出："侵略是指一个国家使用武力侵犯另一个国家的主权、领土完整和政治独立，或以本文所宣示的与联合国宪章不符的任何其他方式使用武力。"

互不干涉内政原则也是从国家主权原则引申出来的，其法律含义是指国家不得以任何借口干涉别国的内外事务，不得把自己的意志强加于别国。根据当前的国际形势，该项原则最主要地应包括一国不得强迫别国采取或不采取某种政治、经济、社会制度，不得协助别国政府镇压人民革命或民族自决，不得制造别国内部民族分裂，不得在别国制造或扶植傀儡政权，等等。一国的内政还包括该国的外交事务。值得注意的是，哪些具体事项属于一国的内政这一问题，不能绝对化。比如、违反国际法，在国内搞种族歧视，就不能算是一国的内政。

互不干涉内政对于保证国家的和平共处，维持正常的国际秩序，维持国际和平及安全，具有十分重要的意义。

法律知识一本通

FALV ZHISHI YIBENTONG

国家是主权的、独立的，必然意味着是平等的。从国际法的观点来说，国家平等是指国家在法律上的平等，即权利义务平等，不因大小强弱而在法律上处于不平等的地位。所谓互利，就是不能以损害对方的利益来满足自己的要求，更不能以牺牲他国或榨取他国为目的。国家交往应以互利为基础应该对双方都有利。将平等与互利结合在一起，作为指导国际关系的一项基本原则，标志着传统的平等原则的新发展：国家间的关系只有建立在平等的基础上才能达到互利，包只有实现互利，才可能有真正的平等。

和平共处是五项原则的总称，同时又是一项单独的原则。不同社会制度国家和平共处，作为一种思想和政策，最先是由列宁提出来的，以后发展为不限于不同社会制度的国家之间。和平处原则的内容大致包括：

1. 各国应和平地同时存在。不应因社会制度、意识形态的不同，而在国际人格上有所差异，也不应因此而互相攻击、干涉和颠覆。

2. 和平地相处。即在和平的环境和条件下，和平地相互来往、处理和发展相互间的关系。

3. 和平解决国际争端。不应诉诸武力或武力威胁或以其他不符合国际法的非和平方式解决国家间的争端。

国家主权和领土完整

国家主权，就是国家统治的权力。这是国家最重要的属性，也是国家本身所固有的属性。它是不可分割、不可转让的，并具有神圣不可侵犯的性质。

国家主权包括国家对内的最高权和对外的独立权两方面。对内的最高权是指国家在国内享有最高的统治权，有权决定国家的一切内部事务，如确立国家的社会政治制度和统治形式等，不服从任何外部的权威或命令。对外的独立权是指在国际社会中，每个国家都享有平等的法律人格，可以奉行独立自主的外交政策，与其他国家进行友好交往与合作，而免受任何外来的干涉和侵犯。

国家主权是国家最根本的权利，是国家在政治上是否真正独立的标志，

丢失了主权的国家则不成为国家。因此，各国都非常重视维护本国的国家主权。这是个原则问题，称国家主权原则，容不得做任何一点的妥协或交易。

国家主权原则是国家权利和国际义务的辩证统一，它要求，一国在享受本国主权权利的同时，负有尊重他国主权的义务，即互相尊重国家主权。国家主权原则是国际法最重要的基本原则，是维护国家政治独立，免受外来侵略的法律依据，也是国家交往与合作的法律基础。如果国家主权原则受到破坏，各国的主权都无法保证。

国家领土是地球上在国家主权管辖下的一个特定的部分，它由领陆、领水、领空和领土四部分组成。领陆是国家领土中露出水面的陆地部分，领水是国家领土范围以内的水域，如湖泊、河流、运河等，领空是国家领土的上部空间，底土是领陆和领水以下的土壤。它们共同构成国家领土这个整体。

领土对国家来说有十分重要的意义。首先，它是构成国家的基本要素之一，没有领土的国家世界上是不存在的。其次，领土是国家赖以生存和发展的物质基础，是创造国家财富的主要源泉。最后，领土还是国家行使主权权利的客体和空间范围。

领土完整是国际法的基本原则之一。领土完整并不仅是一个地理上的概念，有些国家的领土是一块完整的陆地，有些国家的领土则是分散的，由陆地和远离大陆的许多岛屿组成。领土完整是一个政治概念和法律概念，是指国家领土不能分割、肢解，更不能侵占。它具有神圣不可侵犯的性质，任何侵犯国家领土的行为都是国际不法行为，为国际法所不容许。

由于国家主权和领土完整的重要性，在《联合国宪章》和其他有关国际文件中，把二者并列，共同构成了国际法上一项最重要的基本原则，也是和平共处五项原则的第一项原则。

国家主权和领土完整是两个既相互联系也有区别的概念。国家主权的含义较广泛，它包括政治主权、经济主权、领土主权，以及从国家主权派生的独立权、平等权、自卫权、管辖权等基本权利。即使不破坏他国的领土完整，用其他方式干涉别国内政，也是侵犯国家主权。当然，以武力破坏他国的领土完整，是一种最严重的侵犯国家主权的行为。把国家主权和

法律知识一本通

FALV ZHISHI YIBENTONG

领土完整放在一起，既指明了二者之间的密切联系，也突出了领土完整的重要性。

和平共处的法律意义

和平共处五项原则是一个有机的整体，各国在彼此交往中互相尊重他国主权和领土完整，互不侵犯，互不干涉内政，在平等互利的基础上发展友好合作关系，就能实现和平共处。所以，和平共处是前四项原则的目的，而前四项原则则是实现和平共处的条件，其中主权原则是根本，其他三项原则都是主权原则的引申。

和平共处五项原则作为国际法基本原则是有重大法律意义的。它补充和发展《联合国宪章》的原则，并对以后国际法基本原则的发展产生重大影响。

首先，和平共处五项原则是得到国际公认的国际法基本原则。和平共处五项原则曾经被认为具有亚洲国际关系原则的特色，构成亚洲性国际法。理由是它们原来由亚洲两大国——中国和印度所倡议，并得到几乎所有亚洲国家的支持。

然而，五项原则的地域范围并不限于亚洲，它们发展得很快，扩展到全球。五项原则被规定在许多双边和多边条约及其他国际法律文件中。

就多边文件而言，1970 年的《国际法原则宣言》所列举的七项原则与和平共处五项原则有密切联系，因为该宣言是从 1957 年联合国大会对《一个关于和平共处的宣言》的议题和 1961 年对《关于各国间和平共处的国际法原则》的议题的审议发展出来的。

1974 年《各国经济权利和义务宪章》的前六项原则只是把和平共处五项原则稍加变化而已。1970 年代西方发达国家也承认了五项原则，如 1972 年 2 月 23 日《中美联合公报》载明："双方同意，各国不论社会制度如何，都应根据尊重各国主权和领土完整、不侵犯别国、不干涉别国内政、平等互利、和平共处的原则来处理国与国之间的关系。"

1972 年 9 月 29 日《中日联合声明》完整地载入了和平共处五项原则。在 20 世纪 80 年代和 90 年代，又有大量的双边或多边国际文件重中

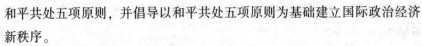

和平共处五项原则，并倡导以和平共处五项原则为基础建立国际政治经济新秩序。

其次，和平共处五项原则是国际法基本原则体系的核心部分。和平共处五项原则受到《联合国宪章》的原则的启示，是联合国原则的精神的高度概括，与联合国的原则的精神完全一致。

英国国际法学者布朗利指出："许多国家接受了这些原则（和平共处五项原则），并且可以把它们同《联合国宪章》和《白里安——凯洛格公约》相提并论或者作其补充。"

不仅如此，五项原则还补充和发展了《联合国宪章》所宣示的原则，并对后来的国际法律文件所宣布的原则发生明显的影响。

第三，和平共处五项原则是国际法基本原则的科学体系。五项原则是以"互相等重主权和领土完整"为基础，以"互不侵犯"、"互不干涉内政"、"平等互利"为措施或保证、以"和平共处"作为总目的的科学体系。

这五项原则之所以简称为"和平共处五项原则"，就因为"和平共处"既是五项原则之一，又是前四项原则的总目的。作为一个原则体系，五项原则在适用和解释方面，能够互相参照，会更加全面和难朗。五项原则的科学性还表现在它包含了国家的基本权利与义务，并突出了国家基本权利与义务的一致性。五项原则的前四项有"互相"的要求，后一项有"共处"的要求，这样可以防止国际法上的权利和义务的脱节，更为时常受到霸权主义国家的侵略和干涉威胁的中小国家所拥护。

最后，和平共处五项原则是国际政治经济新秩序的准则。和平共处五项原则是中国、印度、缅甸等摆脱殖民统治或外国占领的新兴国家最初提出和倡导的，表达了新独立国家的心声。它继承了国际法的进步、民主与和平的原则，并包含了新的内容，体现国际新秩序的基本要求，经过长期的国际实践的者验，显示出了强大的生命力。

❤ 国际海洋法与公海自由

海洋是地球表面连成一体的海和洋的统称。地球表面被陆地分隔为彼此相通的广大水域称为海洋，约占地球表面积的71%，平均深度达3800

法律知识一本通

FALV ZHISHI YIBENTONG

米。海洋对于人类有着极其重要的意义。

随着社会的进步和科学的发展，人类在海洋上从事科学研究和经济活动的范围不断扩大，有关海洋方面的国际法规，也日益增多。这方面的法规已发展成为国际法上相当完整和独立的新部门或新分支——海洋法。海洋法就是有关各种海域的法律地位和各国在各种海域从事航行、资源开发和利用、海洋科学研究等活动，以及海洋环境保护的原则、规则和规章、制度的总称。

具体而言，海洋法的主要内容包括：

1. 各种海域的法律地位及其制度。根据 1982 年《海洋法公约》的规定，海洋包括内海、领海、毗连区、专属经济区、大陆架、公海、国际海底。这些不同的海域有着不同的法律地位及制度。

2. 国家在不同海域中的权利和义务。此外，海洋法还包括各国在利用海洋方面应进行的合作和共同遵守的规则，以及争端的解决办法等。

1993 年 7 月 5 日，中国远洋运输（集团）公司所属的"银河"号货轮，从天津港装载 700 多个集装箱货物，驶往中东地区。8 月 1 日，美国毫无根据地断言货轮运输化学武器前体，公然派出军舰、飞机，对该轮进行骚扰，致使"银河"轮的正常航行受阻，在公海上漂泊 20 余天，使中远公司蒙受了严重经济损失。美国政府的行为践踏了国际关系准则，违反了"公海自由"的国际海洋法规则。

所谓公海，是指"不包括在国家的专属经济区、领海或内水或群岛国的群岛水域内的全部海域"。就是说，公海是不属于任何国家领水的范围，为世界各国共同拥有的海域。因此，任何国家都不能对公海主张权利或据为己有，公海对所有国家开放，无论是沿海国或内陆国，都享有公海自由的权利。

"公海自由"是 19 世纪以来获得公认的一项习惯国际法规则，是公海制度的基础。有关国际文件中有明确规定。英国法学家奥本海说："'公海自由'一词表示公海不属于并且也永不能属于任何国家主权这样一个国际法规则。所以，既然公海不是任何国家的领土，任何国家通常就没有在公海的任何部分行使立法、行政、管辖或警察的权利。"

《联合国海洋法公约》规定的公海自由包括：航行自由、飞越自由、铺

设海底电缆和管道的自由、建造人工岛屿和设施的自由、捕鱼自由、科学研究的自由。

航行自由是个古老而普遍的公海自由原则，它是国际航海和世界贸易的必要条件，是沿海国和内陆国同样享有的航行自由权。船舶只受船旗国的管辖，外国无权在公海上设立会妨碍航行自由的任何禁区。但在航行过程中，与他船相遇时必须遵守《国际海上避碰规则》，做到安全避让，并承担《国际救助公约》规定的义务，援救在海上遇险有丧失生命危险的人员。

飞越自由是指所有国家的飞机均享有海上的飞越自由权。这是航行自由权向空中的扩展。但空中飞行必须遵守《国际航空规则》以保障飞行安全。

铺设海底电缆和管道的自由也是国际法主体的权利之一。随着"海洋世纪"的到来，人类进入信息时代和逐步实现经济全球化，光缆通信和管道运输已成为现代化社会的重要载体，各国享有铺设海底电缆和管道的自由是时代发展的需要。但当电缆和管道要通过受沿海国管辖的大陆架时，其路线须经沿海国同意，并且沿海国有权为防止、减少和控制管道造成的污染采取合理的措施，还要适当顾及已经铺设好的电缆和管道的安全不应受到妨碍。

捕鱼自由是一项悠久的传统自由，由于在高科技下的狂捕滥捞，渔业资源日将罄竭，国际竞争空前激烈，国际社会不得不起来对自己享有的自由给予严格的限制。1996年8月4日，以协商一致的方式通过了《联合国海洋法公约有关养护和管理跨界鱼类和高度洄游鱼类的规定的执行协定》，事实上宣告公海自由捕鱼时代的结束，世界捕鱼进入了根据协议依法捕鱼的新时代。

建造国际法所允许的人工岛屿和其他设施的自由是公海自由的重要内容。随着海洋科技的发展，对海洋的勘探和研究日益广泛，《公约》新增加了这项自由，各国可以在海上建造和平用途的人工岛屿及设施。但在沿海国大陆架上建造须得到该国的同意，且不要妨碍海上的航行和经济活动。1972年5月生效的《禁止在海床、洋底及其底土安置核武器和其他大规模毁灭性武器条约》中，各缔约国承诺：不在海床、洋底及其底土安置任何核武器或其他任何类型的大规模毁灭性武器，以及专门为储存、试验或使用此种武器而设计的建筑物、发射装置和其他设备，体现了和平利用公海的目的。

科学研究的自由是为进一步推动全球性海洋开发和利用，便利海洋科学研究的进行和发展，在《公约》中新设立的所有国家拥有的一种自由。但未经沿海国的同意，便不能在沿海国的大陆架上从事这类科研活动。而且，科学研究必须为和平目的和符合《公约》要求的科学方法及工具进行，还应遵守有关保护和保全海洋环境的法律制度及不要干扰其他正当的海洋活动。从上看出：公海是自由的，但自由不是绝对和无限的，只有从公海是人类共同的继承财产出发和保障人类可持续发展需要来开发、利用海洋，才能正确地行使各种自由权，保障海洋事业健康的持久发展。

国际空间法与航天活动

现代国际法规则已涉及人类认识的所有自然空间。从物理空间的角度，空间可分为两部分：空气空间和外层空间。空气空间，指环绕地球的大气层空间，包括国家领陆、领水上方的领空和国家领土以外的陆地和水域上的公空。领空是以地球中心为顶点，由与国家在地球表面的领陆和领水的边界相垂直的直线所包围的圆锥形立体空间。国家对其领空拥有完全、排他的主权。公空的法律地位分别依有关专属经济区、公海、南极的法律制度确定。

外层空间，即地球空间以外的宇宙空间，俗称"太空"。环绕地球的空间与外层空间之间没有明显的科学区别，而只是地球大气逐渐稀薄和地球引力逐渐减弱而已。国际法中外层空间的概念来源于自然科学，它不仅涵盖了自然科学意义上的外层空间，而且涵盖了空气空间的部分区域。由于空气空间与外层空间的界限至今无法确定，法学家们有意不在空气空间和外层空间之间划出准确界限，因此空气空间和外层空间就被依其不同内涵随意使用，而没有进行精确区分。外层空间根据外层空间法实行自由探索，不受任何国家主权管辖，不得为任何国家占有。

法律知识一本通

FALV ZHISHI YIBENTONG

国际空间法是规定各空间区域的法律地位，调整国际法主体（主要是国家）在利用空气空间与外层空间进行的各种空间活动中的相互关系的原则、规范、制度的总和。由于航空器可依空气动力在空气空间飞行，而空气稀薄的外层空间适合依地球离心力飞行的宇宙飞行器飞行，国际空间法相应地分为空气空间法（或称国际航空法）和外层空间法（或称国际航天法）。

空气空间法主要调整各国在航空活动中的相互关系；外层空间法旨在调整各国在外层空间的航天活动中的权利义务关系。

罗马法中有一句格言："谁有土地，谁就有土地的上空。"它通常被认为是国家对共领空享有主权的型论依据。自20世纪以来，国家对其领土上空享有主权已成为一项公认购国际法规则。如《国际民用航空公约》第一条规定："缔约各国承认每一国家对其领土上的空间具有完全的和排他的主权，即国家领土主权及于其领土之上的空气空间。"

国家的领空主权原则不仅为众多的国际条约所承认，而正已成为一项习惯国际法规则，具有普遍的约束力。国家对共领空所具有的主权权利主要表现在以下四个方面：

1. 管辖权。领空是一国领土不可分割的组成部分，国家行使的领空管辖权属于属地优越权的性质。每个国家对其领空都享有管辖权。未经一国允许，任何外国航空器不得进入该国领空。一国为安全与军事需要有权在其领空划定某些禁区。当然，国家行使管密权时也受到其缔结或加入的国际条约规定的国际义务的限制。

2. 自保权。任何国家都有保卫其领空安全，不受外来侵犯的充分权利。对于非法入境的外国航空器，国家可行使主权，采取符合国际法有关规则的任何适当手段。

3. 管理权。每个国家都有权不受任何外国干涉地自行决定制定必要的航空法律和规章，以维护空中航行的正常秩序，保障空中交通安全和公众的合法权益。一国有权制定关于外国航空器入境、离境和在境内飞行的规章制度。任何外国航空器在一国领土上空飞行或在该国领土内运转，都必须遵守地面国的现行相关法律和规章。

4. 支配权。国家可以通过国内立法对领空实施支配权。国家保留国内载运权，而对于外国航空器的国际航班飞行进入其境内，则需要签订航空运输协定给予运营权。

根据公认的国际法原则，外层空间是地面目主权所控制不到的空域，因而是任何国家不能主张权利的空间。外层空间不能成为国家行使主权的对象，但任何国家可以为和平目的而利用外层空间和其他天体。

各国外空活动的频繁和科学校术的发展，必然引起相关的法律问题，需要建立外层空间法规调整和规范。外层空间法的建立和发展主要是通过国际实践中形成的习惯国际法和缔结国际条约逐步实现的。

联合国大会一直试图通过共和平利用空间委员会发展空间法，该委员会设有一个法律专家小组委员会负责协助探索空间方面的法律问题。联合国大会第一个重要决议是在 1963 年 12 月 13 日通过的《各国探索和利用外层空间活动的法律原则宣言》。该宣言包含有各国探索和利用外层空间的活动应子遵循的九条法律原则。

1967 年《外层空间条约》补充和发展了这些原则，并以国际公约的形式加以确立，成为各国探索和利用外层空间的共同收则。该决议宣示的一些原则如下：

1. 自由探索和利用原则。外层空间对各国开放，所有国家不论其经济或科学发展程度如何，都有权在平等、不受任何歧视的基础上根据国际法自由探索和利用外层空间，享有对外层空间进行科学考察的自由。

2. 共同利益原则。任何国家探索和利用外层空间，包括月球和其他天体，须在平等基础上，为全人类谋福利。

3. 不得据为己有原则。任何国家都不得迥过主权要求、使用或占领的方法，或采取任何措施，将外空天体据为己有。

4. 遵守国际法原则。外层空间的活动也是国际社会的活动，必须遵守国际社会的共同约定进行，而且外层空间完全有可能被用来做出危害人类和平与安全的事情。因此，探索和利用外层空间的活动须遵守国际法和联合国宪章的规定。

5. 国家责任原则。各国对其在外层空间的活动负有责任，对从该国发射的空间物体造成损害应负赔偿责任，而不论这种活动是否由政府发动。

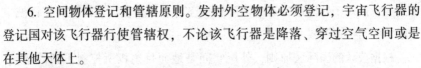

6. 空间物体登记和管辖原则。发射外空物体必须登记，宇宙飞行器的登记国对该飞行器行使管辖权，不论该飞行器是降落、穿过空气空间或是在其他天体上。

7. 援救宇航员原则。宇宙航行员应视为人类派往外层空间的使节，任何国家对遇难的宇宙航行人员负有救助义务。

8. 和平利用原则。禁止在地球轨道放置携带核武器的宇宙飞行器，各国应专为和平目的使用月球和其他天体，禁止在天体上建立军事基地、军事设施和工事，试验任何类型的武器和进行军事演习。

9. 保护空间环境原则。国家从事外空活动时，应采取适当措施以避免外空遭受有害污染或使地球环境受到不利影响。

10. 国际合作原则。由于空间活动的特点，各国应彼此合作互助来进行外空活动，各发射国不得从事任何可能影响其他国家和平试验的活动。

条约法与条约的遵守

关于条约的定义，1969 年《条约法公约》和 1986 年《关于国家和国际组织间或国际组织相互间条约法的维也纳公约》根据各自的适用对象分别作了规定。根据这两个公约的规定，条约是指国际法主体之间按照国际法所缔结的确定其相互间权利和义务关系并受国际法支配的书面协议。

条约的特征可从以下几个方面理解：

1. 条约是国际法主体间缔结的协议，任何国际法主体与非国际法主体间，或非国际法主体相互间缔结的协议不能被视为条约。这就是说，缔结条约的各方必须是国际法主体（如国家或国际组织），不具国际法主体资格的个人或实体，不能成为条约的主体，这是条约区别于契约的重要特征。

2. 条约是受国际法支配的协议。一方面，条约应以国际法为准，即条约确定的国际法主体之间的国际法上的权利义务关系应符合国际法的原则和规则。这是区分合法条约与非法条约、平等条约与不平等条约、有效条约和无效条约的标志。另一方面，条约的缔结、生效、无效、解释、保留、修订和暂停施行受国际条约法的调整。

3. 条约为缔约国创设权利与义务，这是缔结条约的目的。

4. 条约通常是书面形式的协议。一般认为，条约法是一种成文法，应采取书面形式。对此，1969 年和 1986 年两个条约法公约都有明确规定。此外，《联合国宪章》也规定了，凡合法缔结的条约，应在联合国进行登记。这也要求条约必须是书面形式。国际实践中虽然也曾有所谓"口头协议"，但极其少见。

5. 条约是具有法律拘束力的协议。一般情况下，条约一旦缔结，缔约各方应当按照约定全面履行条约。

"条约必须遵守"是国际法上一项重要原则，是维护正常国际关系的基础。如果国家都不遵守自己所参加的国际条约，国际法就不会存在，整个国际社会处于混乱之中，无秩序、法制可言。

条约必须遵守原则有很悠久的历史。据认为，它最初可能源自古罗马民法中"对契约的遵守"的概念，后来被移植到了国际法之中。从近代国际法的奠基人格劳秀斯开始，到现代大多数国际法学者，都强调条约必须遵守原则的重要性。许多重要的国际文件也对此有规定。早在 1871 年，由于帝俄片面废除 1856 年《巴黎公约》有关黑海非武装化的条款而发表的《伦敦议定书》，就肯定了条约必须遵守原则，认为，任何国家都不能片面解除其条约义务或修改条约的条款。

《联合国宪章》第二条第二款规定："各会员国应一秉善意，履行其依本宪章所担负之义务。"《维也纳条约法公约》第二十六条规定：凡有效之条约对其各当事国有拘束力，必须由各该国善意履行。

但是，条约必须遵守原则不是绝对的，它以条约的有效性与合法性为前提条件。按照国际法，凡是用强迫手段逼迫他国签订的条约，都是非法的，没有约束力，国家可以不遵守。例如，在中国近代历史上，大多数条约或者是西方国家强迫清朝政府订立的，或者是国民党政府腐败无能、丧权辱国的结果。这些条约都是非法的，中国政府没有必须遵守的义务。因此，新中国建立后，1949 年通过了《中国人民政治协商会议共同纲领》，明确宣布："对于国民党政府与外国政府所订立的各项条约和协定，中华人民共和国中央人民政府加以审查，按其内容分别予以承认，或废除、或修改、或重订。"这样做完全符合国际法。

外交关系与外交关系法

　　早在遥远的古代，就已出现国家之间互派临时性使节的事实。近代意义上的外交关系始于欧洲中世纪末期。近代民族国家的出现使国家主权概念趋于加强，从而产生经常性的对外交往需要，使常驻外交使团变得不可或缺。现在为了适应国际交往日趋频繁的需要，各国在外国派出代表本国的外交使节，建立了相应的外交机构。英国的尼科尔森称："外交就是用谈判的方式来处理国际关系，是大使和特使用来调整和处理国际关系的方法，是外交人员的业务或技术。"

　　根据 1961 年《维也纳外交关系公约》，国际法上的外交主要也就是有关上述定义中包括的外交谈判、外交使节和外交业务等内容。

　　严格意义上的外交关系主要是指国家为实施其对外政策，通过外交机关和外交人员以诸如访问、谈判、交涉、缔约、参加国际组织和国际会议等处理国际关系的外交活动方式形成的与他国之间的相互关系。另外，正在争取独立的民族和政府间国际组织在一定条件下也可以通过上述外交活动形成外交关系。在现代国际实践中，国家之间通常采用相互设立常驻外交机构、互派外交代表等方式建立外交关系。

　　外交关系作为国与国之间关系的反映，总是不断变化的，国家之间总是根据国内、国际形势的变化而相应调整外交关系。目前，在国际实践中主要有以下四种外交关系形式：

　　第一种是正式的外交关系。正式的外交关系也称正常的外交关系或全面的外交关系，以双方互派大使、公使级常驻使节为主要标志。这是国家之间外交关系中最基本最常用的形式。中国已同 160 多个国家以及一些国际组织建立了正式的外交关系。

　　第二种是半外交关系。半外交关系也称不完全的外交关系，以双方互派代办级使节为特征。这种形式是国家关系中的不正常现象，一般是在国家间关系存在问题时才采用。如 1972 年以前因为荷兰在联合国中阻挠恢复中国在该组织的合法地位，中国同荷兰之间就保持这种半外交关系，直到1972 年荷兰改变了态度，中荷外交关系才由代办级半外交关系升到大使级

正式外交关系。但 1980 年 11 月荷兰政府批准向台湾出售潜艇，完全背离了 1972 年中荷两国签订的联合公报原则。因此，中国于 1983 年 5 月决定把两国间大使级正式外交关系降格为代办级半外交关系。后来荷兰政府改变了立场，拒绝向台湾出售武器，于是经两国磋商又于 1984 年 2 月 1 日将两国外交关系升格为大使级正式外交关系。

第三种是非正式的外交关系。非正式外交关系的特点是两个没有正式建交的国家直接进行外交谈判，保持某种长期的接触，甚至互设某种联络机构。中美之间就曾在 1979 年正式建交之前进行了长期的大使级外交会谈，并于 1973 年双方互设联络处以保持外交接触，直至正式建交。

第四种是国民外交。国民外交也称民间外交，是国家间非官方的而又有一定官方背景的个人或代表团体之间的交往活动，即以国民外交来促进国家外交关系的建立和发展。

外交关系法又称"外交法"，主要是指调整国家之间外交关系的国际法原则、规则与制度。其内容主要涉及建交、外交代表机关的设立、使节的派遣与接受、外交代表机关及其有关人员的等级和职务、外交特权与豁免等。此外，还有国家派驻国际组织常设使团的派遣、职务以及特权与豁免。国家的特别使团的派遣、组成、特权与豁免，等等。

外交关系法是在国家之间的交往基础上逐渐形成和发展的。1648 年威斯特伐利亚和会是近代外交关系法形成的标志。长期以来，外交关系法的渊源主要是国际习惯，只在个别方面曾订有条约，如规定外交使节的等级及位次的 1815 年《维也纳议定书》和 1818 年《亚探议定书》，以及 1928 年区域性的《哈瓦那外交公约》。

现代外交法的发展趋势是从过去的分散状态朝着集中的方向发展。主要表现为国际协定法。第二次世界大战之后，在联合国的组织下，特别是国际法委员会对外交关系法进行了积极的编纂，于 1961 年通过了《维也纳外交关系公约》，该公约于 1964 年生效，150 多个国家或地区加入了该公约，使之成为迄今最重要的确定外交关系法律原则、规则和制度的法律文件。在很大程度上它是对国际习惯的系统编纂和发展，其中的外交关系规则大多是源于长期实践形成的习惯国际法，有相当的内容由古老的使节制度演变而来。但它所确定的外交关系规则已为世界上大多数国家所普遍接受。

20世纪60年代之后，国际社会订立了一系列关于外交关系的条约，外交关系法成为最早获得统一和公认的一个国际法部门。

现代外交关系法的渊源还包括1946年《联合国特权及豁免公约》、1947年《联合国各专门机构特权及豁免公约》、1969年《特别使团公约》、1973年《关于防止和惩处侵害应受国际保护人员包括外交代表的罪行的公约》、1975年《维也纳关于国家在其对国际组织关系上的代表权公约》等。

外交关系法的核心是对等和互惠，例如，外交特权与豁免，其实质是国家之间基于互惠而相互给予的权利。在对外关系上，各国既是派遣国又是接受国，各国在外交关系法上的权利和义务具有很高的相互依赖性。任何一国违反外交关系法规则，都可能使其驻外使馆及其人员遭受相应的报复。

领事关系与领事关系法

领事关系是指国家间通过协议，互设常驻领事机关和派遣领事以执行领事职务所形成的一种国家间的关系。领事制度产生于中世纪后期的地中海国家。当时往往在侨居某一外国进行商贸活动的同一国商人中推选出一些"商人领事"，以解决他们之间的商业纠纷，并处理他们与居住国地方之间的某些事务，以保护他们的权益。以后这种做法逐渐流传到世界各地，而行使这种职务的领事人员，也从由当地侨居商人中推选演变为大都由商人的本国派出。

领事关系成为了一种重要的官方关系，并且出现和形成了一系列关于领事制度的习惯法规则。1963年《维也纳领事关系公约》对这些规则进行了系统的编纂。

外交关系与领事关系同属于回家对外关系的范畴。依1963年《维也纳领事关系公约》第二条规定，国家间领事关系的建立以协议为之；除另有声明外，两国同意建立外交关系即同意建立领事关系。但断绝外交关系并不意味着断绝领事关系。实践中，国家根据需要可以在外交关系建立之前

法律知识一本通

FALV ZHISHI YIBENTONG

建立领事关系，或者建立领事级正式外交关系。外交关系与领事关系联系密切，主要表现在驻外外交常设机构和领事常设机构之间存在着紧密的联系。

第一，它们都是根据国家协议而常设的驻外机构，服务于国家对外政策。

第二，在某一接受国执行职务时，领事机关和领事馆通常受派遣国使馆和外交代表的领导，而在派遣国的国内行政管理中，使馆与领事馆都由该国的外交部门统一领导。

第三，可以约定使馆外交人员执行领馆职务，在特殊情况下，如国家尚未建立或断绝外交关系时，有时可先建立或保留领事关系，这时领馆也可以执行某些外交性质的职务工作。

当然，外交关系与领事关系也有着重要的区别：第一，外交关系是代表着国家间全面的政治、经济、军事、文化等方面全局性的交流与合作关系，并涉及国家的重大利益；而领事关系只是国家在商务、经济、文化及科学方面的局部的交流与合作关系，通常不涉及国家的重大利益。因此，外交机构和领事机构的各自职务和任务虽然有一些重叠，但存在很大的不同之处。

第二，外交关系是国家间的往来关系，外交代表机构全面代表其国家与接受国的中央政府进行交往和交涉，其职务范围为接受国全境；而领事关系是国家间地方性的交往关系，领事机构一般只与相关的地方政府交涉，其职务范围限于其辖区。

第三，使馆与领事馆的特权与豁免有所区别。

领事关系法又称"领事法"，是调整国家间领事关系的原则、规则和制度的总称，其内容包括领事关系和领事馆的建立、领事的派遣和接受、领事职务及其终止、领事馆及其人员的特权与豁免等。

领事关系长期以来受国际习惯法调整。1928 年美洲国家间缔结了区域性的多边领事条约——《哈瓦那领彰公约》。联合国成立后，其主要的国际法编纂机构国际法委员会对领事关系法进行了编撰，并于 1961 年向联合国大会提出《领事往来和豁免条款草案》，1963 年在联合国主持召开的维也纳国际会议上通过了以该条款草案为基础的《维也纳领事关系公约》（1967 年

3月9日生效）。该公约对领事关系的习惯法进行了编纂并且进行了发展，公约序言称"凡未经本公约明文规定之事项应继续适用国际习惯法之规则"。该公约是一个普遍性公约。中国于1979年加入。1990年《中华人民共和国领事特权与豁免条例》的规定与该公约是一致的。

《维也纳领事关系公约》第七十三条规定："本公约之规定不影响当事国间现行有效之其他国际协定。本公约并不禁止各国间另订国际协定以确认、或补充、或推广、或引申本公约之各项规定。"公约这样规定可以更好地协调该公约与国家间双边领事条约的关系。

截至2002年底，中国与美国、德国、俄罗斯、加拿大、意大利、印度、澳大利亚等40多个国家订立了双边领事条约或协定。有些国家之间虽然未订立双边的领事条约，但在关于友好、通商、航海条约中则包含了有关领事的条款。因此，现代领事法的主要渊源不仅是1963年《维也纳领事关系公约》，而且还有大量的双边领事条约和协定。并且，当双边领事条约或协定与《维也纳领事关系公约》的规定不同时，根据特殊法优于一般法的原理，应优先适用双边条约的规定。

❤ 联合国的重要作用

联合国是现在世界上最大的国际组织，它是在第二次世界大战结束后建立的。1945年6月25日，在美国旧金山会议上通过了《联合国宪章》，它规定，联合国的首要目的是维持国际和平与安全，防止发生战争或武装冲突。另外，联合国还负有发展各国人民之间以平等权利和自决原则为基础的友好关系，促进国际间经济、社会和文化方面的合作，构成协调各国行动的中心等任务。

为了达到上述目的，《联合国宪章》还规定，各会员国行动时务必遵循以下各项原则：会员国主权平等、善意履行宪章义务、和平解决争端、禁止以武力相威胁或使用武力、集体协助、确使非会员国遵守宪章原则、不干涉内政。

联合国的成员是国家，每个国家都可以成为联合国的成员。联合国的成员国分创始国和加入国两类。凡参加了 1945 年的旧金山会议或签署了《联合国家宣言》，并同时签署、批准《联合国宪章》的国家，是联合国的创始成员国。

联合国创始国共有 51 个。中国是联合国的创始成员国之一。其他国家如符合一定条件，经规定程序也可加入联合国，称加入成员国。这些条件是：爱好和平、接受宪章规定的各项义务、能够并愿意履行这些义务。

加入联合国的程序是：首先向联合国秘书长提出申请，由秘书长将申请交安理会审查并向联合国大会推荐，由大会以 2/3 的多数票通过。

联合国有六大主要机构。这六大机构分别是联合国大会、联合国安全理事会、联合国经济与社会理事会、联合国托管理事会、国际法院和联合国秘书处。

联合国大会由联合国所有会员国派遣的代表组成。设有 7 个委员会，各在其职责范围内工作。大会是审议机关，它可讨论与联合国有关的一切问题，但没有权利采取行动，通过的决议也不具有约束力。

联合国大会每年举行一次常会，规定每年 9 月的第 3 个星期二开幕，通常持续到 12 月中旬，每届常会会期一般为 3 个月。如议程未讨论完毕，可延至第二年春继续，但必须在下届常会开幕前闭幕。大会可在会议期间决定暂时休会，并可在以后复会。

大会对于"重要问题"的决议，须由 2/3 多数通过；对于"一般问题"的决议，半数以上通过即可。大会通过的决议，不具有法律约束力，但足以对会员国产生广泛的政治影响。除常会以外，应半数以上会员国或安理会要求，大会还可在 15 天内召开特别会议，在 24 小时内举行紧急特别会议。

按照联合国宪章的规定，大会有权讨论宪章范围内任何问题，并向会员国和安理会提出建议。大会接受和审议安理会及其机构的报告；选举安理会非常任理事国、经济与社会理事会和托管理事会理事国；与安全理事会一起选举国际法院法官；根据安理会推荐批准接纳新会员和任命秘书长。

联合国的预算和会员国分摊的会费都需经大会讨论决定。每届常会开会时，各国往往派出外交部长或其他部长级官员率代表团出席，一些国家元首和政府首脑也到会发表讲话。大会的 1 名主席和 21 名副主席，由常会全体会议按地区分配原则选举产生。

安理会由 5 个常任理事国和 10 个非常任理事国组成。5 个常任理事国是中国、俄罗斯、美国、英国、法国。10 个非常任理事国按地区分配名额，由大会以 2/3 多数选出，任期 2 年，每年改选 5 名。

《宪章》规定，安理会在维护国际和平及安全方面负有主要责任，职能是：根据宪章规定作出全体会员国都有义务接受并执行的规定；调查任何国际争端或可能引起国际摩擦或争端的任何情况，断定威胁和平、破坏和平或侵略的行动，并采取经济、外交或军事制裁行动来反对侵略；负责拟订军备管制的计划；向大会推荐新会员国和秘书长。安理会的行动以"5 个常任理事国一致"的原则（即所谓"大国一致原则"）为基础，5 个常任理事国在实质问题上都拥有否决权。

经安理会通过的决议，对会员国具有约束力。安理会是联合国中唯一有权对国际和平与安全采取行动的机构。它有权对国际争端进行调查和调停，可以采取武器禁运、经济制裁等强制性措施，还可以派遣联合国维和部队，以协助缓和某一地区的紧张局势。联合国安理会作为国际集体安全机制的核心，已经成为公认的多边安全体系最具权威性和合法性的机构。

经济及社会理事会是根据《联合国宪章》设立的，是协调 14 个联合国专门机构、10 个职司委员会和 5 个区域委员会的经济、社会和相关工作的主要机构。经社理事会还管辖 11 个基金会和规划署。经社理事会为讨论国际经济及社会问题，并未就此类问题制定面向各成员国和整个联合国系统的政策建议，提供中心论坛。

它负责促进较高的生活标准、全民就业以及经济和社会的进步；解决国际经济、社会和卫生问题；促进国际间文化和教育合作；倡导对全体人类的人权和基本自由的普遍尊重。它授权从事或发起有关这些问题的研究和报告。它也授权帮助准备和组织经济、社会和相关领域的重大国际会议，协调这些会议的后续事项。经社理事会具有较广的职权，其权限涉及整个联合国系统的人类和金融资源的 7/10 多。经社理事会由 54 个理事国组成，经大会选举产生，任期 3 年。

托管理事会由安全理事会的 5 个常任理事国组成。随着联合国的最后一个托管领土帕劳取得独立，理事会于 1994 年 11 月 1 日正式停止运作。理事会修改其议事规则，取消每年举行会议的规定，并同意根据理事会或理事会主席的决定，或根据理事会多数成员或大会或安全理事会的要求，视需要举行会议。

国际法院是联合国主要司法机关，根据 1945 年 6 月 26 日在旧金山签署的《联合国宪章》设立，以实现联合国的一项主要宗旨："以和平方法且依正义及国际法之原则，调整或解决足以破坏和平之国际争端或情势"。

国际法院依照《国际法院规约》及其本身的《规则》运作。《规约》是《宪章》的一部分。国际法院于 1946 年开始工作，取代 1920 年在国际联盟主持下设立的常设国际法院。

国际法院在荷兰海牙和平宫。联合国 6 个主要机构中，国际法院是唯一设在纽约以外的机构。国际法院具有双重作用：依照国际法解决各国向其提交的法律争端，并就正式认可的联合国机关和专门机构提交的法律问题提供咨询意见。

联合国秘书处是联合国各机构的行政秘书事务机构。联合国主席任命联合国秘书长。秘书长是联合国的行政官，担任重大的国际政治责任。秘书长由联合国大会和安理会推荐，任期 5 年。秘书长在国际事务中以联合国代表的资格出现，代表联合国与会员国及其他国际组织进行联系，可以代表联合国到出现国际冲突和争端的地区进行了解和调解。

秘书处由秘书长和联合国工作人员组成，其职责是为联合国及其所属机构服务，并负责执行这些机构所制订的方案和政策。

未成年人保护法

对青少年的关心保护

古往今来，世界上没有什么比生命更宝贵，人世间没有什么比保护孩子更神圣。虽然世界上许多国家的社会制度不同，文化价值观念各异，但在保护未成年人这一问题上却取得了共识。1989年11月，联合国通过了《儿童权利公约》，用法律保护青少年健康成长已成为世界潮流。

我国于1991年9月4日通过的《中华人民共和国未成年人保护法》正是汇成这一潮流的一条欢快的小溪，它满载着党和国家的关怀和期望，满载着亿万成年人的爱护和承诺，使荡漾其间的亿万未成年人沐浴着理性的光芒，驶向更灿烂的明天。

在我国，未成年人是指未满18周岁的公民，包括18周岁以下的青年、少年、幼儿和婴儿。我国的青少年是一个人数众多的特殊群体。据统计，我国18周岁以下的未成年人约3.7亿，占全国人口的1/4以上。他们是我们国家各项社会主义现代化建设事业的预备队。

青少年是祖国的未来和希望，他们的今天将是祖国的明天。一个国家的发展，一个民族的兴旺，很大程度取决于一代又一代的青少年是否健康成长，是否奋发有为。因此，关心和保护未成年人，使之健康成长的任务变得尤为艰巨和重要，因为这已不仅仅是关系到广大未成年人的切身利益，而且关系到社会各个方面，涉及到千家万户，关系到祖国的前途和命运，是一项保证社会主义事业后继有人的百年大计。

社会主义事业任重而道远，要求青少年具备良好的品德、智力和健康体魄，成为有理想、有道德、有文化、有纪律，富于创造精神，具有民主意识，能够适应不断改革开放新环境的社会主义新人。为此，党和国家历来高度重视为未成年人提供有利健康成长的环境和条件。比如，我国除了办幼儿园、学校外，还在各地建立少年宫、少年之家、儿童乐园、儿童公园、儿童剧场、儿童医院以及青少年剧团、出版社、报社等；有成千上万的成年人常年从事青少年服务工作，这些成就都是有目共睹的。

然而也必须看到，我国青少年生存和发展的社会环境并不令人乐观。未成年人正处在身、心的发育期。在生理上，他们的机体逐渐强健，生理特征逐渐突出。在心理上，他们开始由依赖向独立转化，但又极易出现反复，性格特征逐步形成，但意志品质尚未定型，可塑性大。在生活上，他们缺乏独立的生活能力和正确处理事务的能力。在对事务的认识上，他们是非界限比较模糊，盲目性、模仿性较强。由于未成年人生理、心理尚未成熟，社会阅历浅，是非辨别能力差，精力充沛且富冒险精神，在各种犯罪诱因面前缺乏抵抗力，往往成为一些犯罪分子利用的对象，甚至最终也沦为罪犯。

大家都知道，未成年人是相对于成年人而言的，与成年人相比，未成年人有两个显著的特点：一是就自然状况来说，其身心发育均不成熟，实际行为能力不健全；二是就法律地位而言，世界各国在法律上，对未成年人一般规定不具有完全权利和完全责任。这些特点决定了未成年人必须依赖于成年人的帮助，才能完成生长发育的自然过程和心智健康发展的社会心理过程。

同时也决定了未成年人可能遭到的伤害也主要来自成年人的世界，并实际地处于成年人世界的控制之下。因此国家要对未成年人的健康成长采取特殊的保护措施，要采用政治的、经济的、法律的、文化的、行政的、道德的等多种手段，调动全社会的力量，为未成年人创造健康成长的良好环境。尤其要重视法律手段，制定和完善未成年人保护的法律、法规，使国家在运用各种手段保护未成年人健康成长时，能够有法可依。

我国政府一直强调儿童是我们的希望和未来，要用"十年树木，百年树人"的精神，按照德、智、体全面发展的要求，把我国儿童培养成为具

有社会主义觉悟的、有文化的劳动者。我国宪法庄严地规定："国家培养青年、少年、儿童在品德、智力、体质等方面全面发展。"根据宪法的这个原则，我国的行政法律、民事法律、刑事法律等从各个不同方面具体规定了对儿童各项权利的保护。然而，这些分散的规定远远不能胜任保护未成年人的重任。

因此，我国立法机关于 1992 年 1 月 1 日颁布实施了《中华人民共和国未成年人保护法》。这是中国立法史上前所未有的专门保护青少年的法律。从此，中国近 4 亿未成年人将在家庭保护、学校保护、社会保护、司法保护四个"保护神"的精心培育和呵护下，茁壮成长。

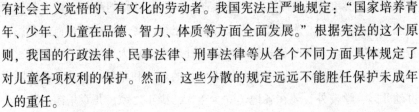

法律重点保护青少年

中小学生绝大多数都属于未成年人。为保护未成年人的身心健康，保障未成年人的合法权益，促进未成年人在品德、智力、体质等方面全面发展，中华人民共和国第七届全国人大常委会第二十一次会议于 1991 年 9 月 4 日通过并公布了《中华人民共和国未成年人保护法》，自 1992 年 1 月 1 日起施行。它是我国第一部保护未成年人的专门法律，其适用对象为未满 18 周岁的未成年人。该法共五十六条，分为总则、家庭保护、学校保护、社会保护、司法保护、法律责任和附则共七章，主要内容是包括未成年人保护工作应遵循的原则、家庭保护、学校保护、社会保护、司法保护、法律责任等方面内容。

关于未成年人保护工作应遵循的原则，该法从四个方面加以规定，强调应保障未成年人的合法权益：尊重未成年人的人格尊严；适应未成年人身心发展的特点；教育与保护相结合。

该法的重点是青少年权益保护，其中从积极方面规定了家庭保护、学校保护、社会保护、司法保护等四种保护方式，从消极方面则规定了行政责任、刑事责任、民事责任等三种法律责任，对青少年保护作出了详细的规定。

根据相关法律规定，家庭在保护未成年人权利方面的主要义务有以下几个方面。

第一，未成年人的抚养。父母或者其他监护人应当依法履行对未成年

人的监护职责和抚养义务，不得虐待、遗弃未成年人；不得歧视女性未成年人或者有残疾的未成年人；禁止溺婴、弃婴。

第二，未成年人的教育。父母或者其他监护人应当尊重未成年人接受教育的权利，必须使适龄未成年人按照规定接受义务教育，不得使在校接受义务教育的未成年人辍学。父母或者其他监护人应当以健康的思想、品行和适当的方法教育未成年人，引导未成年人进行有益身心健康的活动，预防和制止未成年人吸烟、酗酒、流浪以及聚赌、吸毒、卖淫。

第三，基本权利的保护。父母或者其他监护人不得允许或者迫使未成年人结婚，不得为未成年人订立婚约。

父母或者其他监护人不履行监护职责或侵害被监护的未成年人的合法权益的，应当依法承担责任或由法院撤销其监护人的资格，另行确定监护人。

学校、幼儿园对未成年人的保护方法可以分为以下几个方面。

第一，学校和幼儿园应全面贯彻国家的教育方针，做好教育、保育工作。对未成年学生和幼儿进行德育、智育、体育、美育、劳动教育以及社会生活指导和青春期教育，促使他们在体质、智力、品德等方面和谐发展。学校应当关心、爱护学生；对品行有缺点、学习有困难的学生，应当耐心教育、帮助，不得歧视。

第二，保障未成年人的受教育权。学校应尊重未成年学生的受教育权，不得随意开除未成年学生；任何组织和个人不得扰乱教学秩序，不得侵占破坏学校的场地、房屋和发备。

第三，保护未成年人的人格。学校、幼儿园的教职员应当尊重未成年人的人格尊严，不得对未成年学生和儿童实施体罚、变相体罚或者其他侮辱人格尊严的行为。

第四，保障未成年人的人身权。学校不得使未成年学生在危及人身安全、健康的校舍和其他教学设施中活动。学校和幼儿园安排未成年学生和儿童参加集会、文化娱乐、社会实践等集体活动，应当有利于未成年人的健康成长，防止发生人身安全事故。

按照国家有关规定送工读学校接受义务教育的未成年人，工读学校应当对其进行思想教育、文化教育、劳动技术教育和职业教育。工读学校的

未成年人保护法

WEICHENGNIANREN BAOHUFA

教职员应当关心、爱护、尊重学生，不得歧视、厌弃。

国家和社会为保证未成年人身心健康发展而应当采取的措施包括以下几个方面。

第一，文化保护。具体来说，文化保护就是博物馆、纪念馆、科技馆、文化馆、影剧院、体育场（馆）、动物园、公园等场所，应当对中小学生优惠开放。

营业性舞厅等不适宜未成年人活动的场所，有关主管部门和经营者应当采取措施，不得允许未成年人进入。

严禁任何组织和个人向未成年人出售、出租或者以其他方式传播淫秽、暴力、凶杀、恐怖等毒害未成年人的图书、报刊、音像制品。

第二，身心健康保护。具体来说，身心健康保护是指，儿童食品、玩具、用具和游乐设施，不得有害于儿童的安全和健康。

任人不得在中小学、幼儿园、托儿所的教室、寝室、活动室和其他未成年人集中活动的室内吸烟。

卫生部门和学校应当为未成年人提供必要的卫生保健条件，做好预防疾病工作。

卫生部门应当对儿童实行预防接种证制度，积极防治儿童常见病、多发病，加强对传染病防治工作的监督管理和对托儿所、幼儿园卫生保健的业务指导。对流浪乞讨或者离家出走的未成年人，民政部门或者其他有关部门应当负责交送其父母或者其他监护人；暂时无法查明其父母或者其他监护人的，由民政部门设立的儿童福利机构收容抚养。

第三，基本权利保护。具体来说，国家和社会对未成年人的基本权利保护是指，任何组织和个人不得披露未成年人的个人隐私。

对未成年人的信件，任何组织和个人不得隐匿、毁弃；除因追查犯罪的需要由公安机关或者人民检察院依照法律规定的程序进行检查，或者对无行为能力的未成年人的信件由其父母或者其他监护人代为开拆外，任何组织或者个人不得开拆。

国家依法保护未成年人的智力成果和荣誉权不受侵犯。对有特殊天赋或者有突出成就的未成年人，国家、社会、家庭和学校应当为他们的健康发展创造有利条件。

第四，劳动就业保护。劳动就业保护包括两个方面的内容。一方面，任何组织和个人不得招用未满 16 周岁的未成年人，国家另有规定的除外。任何组织和个人依照国家有关规定招收已满 16 周岁未满 18 周岁的未成年人的，应当在工种、劳动时间、劳动强度和保护措施等方面执行国家有关规定，不得安排其从事过重、有毒、有害的劳动或者危险作业。

另一方面，未成年人已经受完规定年限的义务教育不再升学的，政府有关部门和社会团体、企业事业组织应当根据实际情况，对他们进行职业技术培训，为他们创造劳动就业条件。

法律还规定了对未成年人的司法保护。对未成年人司法保护的基本原则是，对违法犯罪的未成年人，实行教育、感化、挽救的方针，坚持教育为主、惩罚为辅的原则。

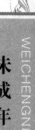

青少年保护法律体系

现在，我国对青少年保护已形成了以《中华人民共和国宪法》为依据，以《中华人民共和国未成年人保护法》为主体，以《中华人民共和国预防未成年人犯罪法》、《最高人民法院关于审理未成年人刑事案件的若干规定》及地方各级有关未成年人保护的规范性文件等为基本构成的未成年人保护法律体系。

我们先来看宪法。宪法是国家的根本大法，具有最高的法律效力。它规定国家政治、经济和社会制度的基本原则，公民的基本权利和义务、国家机关的组织与活动原则等有关国家和社会生活的最根本最重要的社会关系。宪法是"母法"，是其他一切法律、法规、规章的源头，一切法律、行政法规和地方性法规都不得同宪法相抵触。全国各族人民、一切国家机关和武装力量、各政党和各社会团体、各企业事业单位，都必须以宪法为根本的活动准则。

我国宪法中有关青少年教育、保护的规定在第一章总纲和第二章公民的基本权利和义务中都有体现，归纳起来有以下内容：

1. 关于发展教育事业及其具体措施的规定。宪法提出国家要发展社会主义的教育事业，同时还规定了各种具体措施，包括：通过兴办各类学校

和实行正规教育来发展教育事业；加强成人教育；采取多种形式和途径办学；推广普通话。

2. 关于公民有受教育的权利和义务的规定。受教育的主要形式有学校教育、社会教育、成人教育自学等形式。

教育的内容包括：学龄前教育、初等教育、审等教育、高等教育以及职业教育等。对于未成年人来说，它有三方面的含义：学习的权利，即儿童和少年享有接受教育并通过学习，在智力和品德等方面得到发展的权利；义务教育的无偿化，根据《义务教育法》的规定，国家对接受教育的学生免收学费，并设立助学金，帮助贫困学生就学；教育的机会均等，未成年人不得在教育上受到不平等的对待，我国《义务教育法》第四条规定："凡具有中华人民共和国国籍的适龄儿童、少年，不分性别、民族、种族、家庭财产状况、宗教信仰等，依法享有平等接受义务教育的权利，并履行接受义务教育的义务。"

此外，第十条还明确规定国家扶持各少数民族地区发展教育事业以及扶持和发展残疾人教育事业。

受教育的义务是指公民在一定形式下依法接受各种形式的教育的义务。按照《义务教育法》的规定，国家实行九年制义务教育。凡年满六周岁的儿童，不分性别、民族、种族，都应当入学接受规定年限的义务教育。

条件不具备的地区，可以推迟到七周岁入学。在义务教育期间，国家免费为公民提供教育，这些费用包括一切教学场所、设施和教学费用。公民只承担书本费和学杂费。

3. 保护少年儿童权益的规定。我国《宪法》对具有特殊情况的儿童设置专条，进行详细说明。综合有关规定，具体有以下几项措施：享受社会安全的权利。父母应用心照料和保护儿童，国家保证儿童有足够的营养、住宅、娱乐和医院设施。

儿童不受任何形式的歧视、虐待和剥削，更不能成为任何形式的买卖对象。享有特殊保护的权利。儿童生活所需的物质条件应得到充分保障；社会对无家可归和难以生活的儿童应给予特殊照顾；儿童若生活困难，有权获得社会救济。儿童享有独立的人格权，任何侵犯儿童人格权的行为都应受到法律的追究。

我们再来看法律。这里的法律特指全国人民代表大会及其常务委员会制定和认可的法律规范的总称，其效力仅次于宪法。《宪法》第六十七条规定，全国人大常委会制定和修改除应当由全国人民代表大会制定的法律以外的其他法律；在全国人民代表大会闭会期间，对全国人民代表大会制定的法律进行部分补充和修改，但是不得同该法律的基本原则相抵触。

关于未成年人权益保护的法律分为两类。一类是专门保护未成年人的法律，包括《未成年人保护法》和《预防未成年人犯罪法》。前者是1992年1月1日起施行的新中国成立以来第一部保护未成年人的专门性法律；后者是1999年11月1日起施行的预防未成年人犯罪的专门性法律。

一类是涉及未成年人保护内容的有关法律。这些法律虽然不是专门的保护未成年人的法律，但其中有些内容涉及到了对未成年人的保护。比如上文提及的《宪法》，作为国家的根本大法，在其规定的原则性条款中，有两条直接涉及保护未成年人合法权益和培养未成年人的健康成长。该法第四十六条第二款规定："国家培养青年、少年、儿童在品德、智力、体质等方面全面发展。"第四十九条第一款规定："婚姻、家庭、母亲和儿童受国家的保护。"

涉及未成年人保护内容的法律还有：《刑法》、《监狱法》、《民法通则》、《婚姻法》、《收养法》、《妇女权益保障法》、《义务教育法》、《教育法》、《职业教育法》、《教师法》、《劳动法》等。

接下来是行政法规与部门规章。由最高行政机关即国务院根据宪法和法律，在其职权范围内制定的规范性法律文件，其效力仅次于宪法和法律，居于第三层次。国务院下属的各部、委所颁布的部门规章，其效力低于国务院的行政法规。

此外，全国人大及其常委会还可根据需要授权国务院制定某些法律文件，国务院据此制定的有关法规，属于"授权立法"，其效力应高于行政法规，与全国人大及其常委会制定的法律具有同等效力。

国务院发布的其内容直接涉及到未成年人保护的有关行政法规主要有：《卖淫嫖娼人员收容教育办法》、《强制戒毒办法》、《电影管理条例》、《音像制品管理条例》、《出版管理条例》、《广播电视管理条例》、《娱乐场所管理条例》、《营业性演出管理条例》、《公安部办理未成年人违法犯罪案件的

规定》、《少年管教所暂行管理办法（试行）》、《关于出版少年儿童期刊的若干规定》、《关于出版少年儿童读物的若干规定》、《文化部、公安部关于加强台球、电子游戏机娱乐活动管理的通知》、《文化部、公安部关于严禁利用电子游戏机进行赌博活动的通知》、《国家教委关于严格控制中小学生流失问题的若干意见》等。

地方性法规与地方政府规章也有保护未成年人的相关规定。地方性法规是指特定的地方国家权力机关制定的规范性法律文件。

这些特定的地方国家权力机关包括省、自治区、直辖市的人民代表大会及其常务委员会和较大市（包括省、自治区人民政府所在地的市、经济特区所在地的市和经国务院批准的较大的市）的人民代表大会及其常务委员会。地方性法规的效力低于宪法、法律和行政法规，但高于地方政府规章。例如上海市人大常委会 2001 年 7 月 31 日审议通过的《上海市中小学生伤害事故处理条例》。

地方政府规章是省、自治区、直辖市人民政府和较大市的人民政府（包括省、自治区所在地的市人民政府、经济特区所在地的市人民政府和经国务院批准的较大的市人民政府）制定的规范性法律文件。

自治条例和单行条例也有部分涉及未成年人保护内容的。自治条例和单行条例是指民族自治区域的人民代表大会根据宪法、法律制定的在本民族自治区域范围内有效的规范性法律文件。如果是由自治区人民代表大会制定的，则须报请全国人大常委会批准后生效；如果是由自治州、县人民代表大会制定的，则须报请省、自治区人大常委会批准后生效。

特别行政区的法律规范中也有一些保护未成年人的规定。特别行政区的法律规范是指由全国人大通过的和特别行政区依法制定并报全国人大常委会备案的、在该特别行政区内有效的规范性法律文件。一般包括：我国宪法、特别行政区基本法、施行于港澳等特别行政区的全国性法律、特别行政区原有的和新制定的法律。

另外，保护未成年人的还有国际条约。国际条约指我国同国外缔结或加入、批准的国际性法律文件。包括双边或多边条约、公约、协定、宣言、声明、公报等。我国政府缔结或批准加入的国际条约，对我国的一切公民和组织有约束力，必须被遵守，如《儿童权利公约》。

运用法律手段保护自己

保护未成年人是一项崇高的事业。我们从无法可依发展到今天有法可依，无疑是一个了不起的进步。但是，"徒法不足以自行"，法律只有不折不扣地执行，才能产生应有的效力，否则就会成为一纸空文。在现实生活中，要真正做到"有法必依，执法必严，违法必究"，而不是"立法如林，执法无人"，对于我们这样一个法律意识淡薄、法制建设还不够健全的社会来说绝非一件容易的事情。

有这样一个事例：当自己的未成年女儿遭到强奸，做父母的首先想到的不是报警寻求法律保护，而是背着大出血的女儿找强奸犯"私了"。这样的事例还可以举出许多，因此有了保护法并不意味着未成年人就万事大吉了。必须将这一法律交给广大人民，特别是交给广大青少年，青少年依靠自己的力量，积极进行自我保护是非常必要和重要的。

青少年懂不懂法结果会大不一样。有这样两个事例：一是武汉一个小孩，父母过世被寄养在叔叔家，叔叔为让他挣钱就不让他上学了，这个孩子不愿意却又想不出办法，最后投江自杀，幸好被人救了。这个孩子所以采取自杀的方法，显然是因为他不懂《义务教育法》和《未成年人保护法》，更不会用来捍卫自己受教育的权利。

另一个例子是一个15岁的女孩考上了省外一所中专，但两年前她就由父母做主定了亲，对方是乡长的儿子，乡长怕婚事告吹，把两人的年龄改为成年人，偷偷给他们办了结婚登记。由于这个女孩子懂《婚姻法》，就告到公安部门，结果阻止了悲剧的发生。以上两个事例说明：青少年如果懂法，就可以用法律这个武器来保护自己的合法权利，法律是未成年人进行自我保护最有力最有效的手段，是未成年人与侵犯自己合法权益的人和事做斗争的最锐利的武器。

未成年人如何运用好法律这一"武器"来保护自己呢？关键就在于学法、懂法、守法、用法。

学习《未成年人保护法》及有关保护未成年人的其他法律，是首先要做的事情。所谓的学习不是一目十行地看一遍，或者仅知道个大概内容，

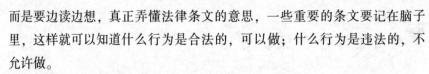

而是要边读边想，真正弄懂法律条文的意思，一些重要的条文要记在脑子里，这样就可以知道什么行为是合法的，可以做；什么行为是违法的，不允许做。

遇到一些具体事情的时候，就能够对照法律的规定，去分析去判断，以确定自己应该怎样做。这好比在思想上打了预防针，增强了我们对社会生活中不良影响和诱惑的识别能力和抵制能力。

学懂了法律规定，思想上对法律有了认识，就应该自觉用来指导自己的行为，做到依法行事，凡是法律规定要做的，就一定做到，法律不准做的，一定不做，要明确守法本身是对自我的一种最好的保护。如，《未成年人保护法》第九条规定："父母或者其他监护人应当尊重未成年人按规定接受义务教育的权利，必须使适龄未成年人接受义务教育，不得使在校接受义务教育的未成年人辍学。"

这条法律规定保护未成年人受教育的权利，也规定未成年人有接受义务教育的义务。懂了这条规定，一方面我们青少年自己应该自觉接受义务教育，做到不逃学、不旷课，认真学习文化知识；另一方面也要依靠它来争取和保护自己受教育的权利，同强迫自己弃学经商、弃学做工、弃学务农等非法行为做斗争。

同时，法律禁止的不利于未成年人成长的活动和行为，未成年人自己应该自觉抵制，要做到：不吸烟、不喝酒、不赌博、不吸毒、不涉足营业性舞厅及其他主要供成年人交谊娱乐的场馆，不看淫秽、暴力等毒害未成年人的图书、报刊、音像制品，等等。总之，未成年人自己应该树立守法观念，养成处处守法、事事守法、自觉守法的习惯，做到无论是人们看得到的场合，还是无人注意的场合；无论是对自己有利的时候，还是对自己不利的时候；无论是有人提醒的时候，还是个人独处的时候，都自觉守法，做一个自觉守法的好公民。

未成年人除了要学法、懂法、守法，还应自觉运用法律来保护自己的合法权益。中学生王晓刚为我们做出了榜样。王晓刚是位品学兼优的学生，他父亲经营一家小吃店，生意兴隆个人忙不过来，想让王晓刚干脆退学帮忙。

王晓刚在校听了普法办关于《义务教育法》和《未成年人保护法》的

宣传，向父亲讲明："你让我退学，是一种违法行为。"

没想到父亲却瞪起眼说："我不让你上学，还不是为你好！我是你爸，你就得听我的，自古就是这个理。"王晓刚未能说服父亲，便找到普法办的叔叔帮助，经开导，王晓刚的父亲终于认识到自己的错误，同意儿子继续上学。王晓刚依靠法律，争取到了自己受教育的权利。从这个例子，我们还可以得到一个启示：在自己的力量不足时，我们未成年人还可以借助司法部门的帮助。

那么，能给未成年人帮助的都有哪些部门呢?《未成年人保护法》第五条规定："保护未成年人，是国家机关、武装力量、政党、社会团体、企业事业组织、城乡基层群众性自治组织、未成年人的监护人和其他成年公民的共同责任。""国家、社会、学校和家庭应当教育和帮助未成年人运用法律手段，维护自己的合法权益。"

第六条规定："中央和地方各级国家机关应当在各自的职责范围内做好未成年人保护工作。""国务院和省、自治区、直辖市的人民政府根据需要，采取组织措施，协调有关部门做好未成年人保护工作。""共产主义青年团、妇女联合会、工会、青年联合会、学生联合会、少年先锋队及其他有关的社会团体，协助各级人民政府做好未成年人保护工作，维护未成年人的合法权益。"上面两条告诉我们：未成年人受到全社会的关心和爱护，保护未成年人是全社会的共同责任，各级人民政府、社会组织和团体及成年公民都有为未成年人提供帮助的义务。

近二十年来，我国陆续建立了一些专门保护青少年的机构。共青团中央设立了"维护青少年合法权益办公室"，各市、地也有相应的工作部门。如山东省政府于 1990 年 3 月成立了"山东省未成年人保护委员会"，由一名副省长任主任，团省委书记和省教委一名副主任任副主任，15 个部门和单位的负责同志任委员。到目前，全省大部分市区已建立了"未成年人保护委员会"。

这些机构的主要任务就是依法维护青少年的合法权益。未成年人遇到权益被侵犯的情况时，可以到所在地的"未成年人保护委员会"寻求帮助。未成年人权益被侵犯的情况不同，寻求帮助的方法也不同。侵犯未成年人权益的人可分为两种，一种是缺乏法制观念，是思想认识上的问题，如中

未成年人保护法 WEICHENGNIANREN BAOHUFA

学生王晓刚的父亲。而另一种人则是违法犯罪，如夏斐的母亲、乡长等，这两种性质是不一样的。属于前一种情况的，未成年人可以通过家长和老师，找当事人所在单位的领导，也可以找当地的群众组织，比如共青团、妇联、工会、居委会、村委会等，由这些部门对当事人进行思想教育，劝其改正错误。属于后一种情况，就需要向所在地的公、检、法部门进行检举或者到法院起诉，这些司法机关会依法律规定做出公正的处理。

保护未成年人的合法权益不受非法侵犯，不仅要靠政法部门，靠全体成年公民，也需要未成年人自己提高自我保护的意识和能力。未成年人应认真学法，自觉守法，勇敢地运用法律武器为维护自己的合法权益而斗争！